블로그 마케팅 최강, K강사의 초보에서 고수되기

아주 쉽게 배우는

자신만만 블로그 마케팅

자신만만

블로그 마케팅

저 자 마케터 K
발행인 고본화
발 행 반석출판사
2015년 9월 15일 초판 1쇄 인쇄
2015년 9월 20일 초판 1쇄 발행
홈페이지 www.bansok.co.kr
이메일 bansok@bansok.co.kr
블로그 blog.naver.com/bansokbooks

157-779 서울시 강서구 양천로 583번지 B동 904호
(서울시 강서구 염창동 240-21번지 우림블루나인 비즈니스센터 B동 904호)
대표전화 02) 2093-3399 **팩 스** 02) 2093-3393
출 판 부 02) 2093-3395 **영업부** 02) 2093-3396
등록번호 제315-2008-000033호

Copyright ⓒ 마케터 K

ISBN 978-89-7172-773-7 (13560)

- 교재 관련 문의: bansok@bansok.co.kr을 이용해 주시기 바랍니다.
- 이 책에 게재된 내용의 일부 또는 전체를 무단으로 복제 및 발췌하는 것을 금합니다.
- 파본 및 잘못된 제품은 구입처에서 교환해 드립니다.

블로그 마케팅 최강, K강사의 초보에서 고수되기

아주 쉽게 배우는

자신만만 블로그 마케팅

 # 머리말

안녕하세요. 블로그 맞춤형 상위노출 강사인 마케터 K입니다. 우선 이 책을 읽는 모든 분들께 보이지 않는 곳에서나마 응원의 박수를 보내드립니다.

현재 이 책을 읽으시는 분들 중에는 가게, 회사, 매장을 운영하는 사장님도 있고, 발로 뛰는 것에 지쳐 무궁무진한 온라인의 세계로 뛰어들고 싶어 하는 영업사원들 또는 다른 외주업체에 홍보를 맡겨봤지만 비용 면이나 완성도 면에서 만족하지 못해 본인이 직접 해보고자 하는 분들도 분명 있을 것입니다.

제가 얼굴도 못 뵌 우리 독자님들에 대해 한 가지 아는 것이 있습니다. 바로 '노력하는 사람'이라는 것입니다. 장사가 안 되고 판매율이 저조하다고 환경이나 자리, 초기 자본금을 탓하고 그저 현재에 만족하는 것이 아니라, 무언가 남들보다 더 해보려는 의지를 갖고 현 상황을 극복하려고 노력하시는 분들임에 틀림없다는 것입니다.

노력에 대해 보상받으실 수 있도록, 저는 이 책에서 블로그 마케팅을 제대로 해서 매출을 극대화시킬 수 있는 방법을 제시하려고 합니다. 일반적이고 뻔한 내용이 아닌 정말 "블로그가 이런 거였구나!"하고 가슴에 와 닿는 그런 내용을 전달해드릴 것입니다.

상위노출에 대해서는 제가 공개적으로 말씀드릴 수 있는 선에서 초·중급자들에게 도움이 되는 내용을 실었습니다. 모든 소스를 공개할 수는 없지만 일반 블로거라면 충분히 마케팅에 도움이 될 내용만 모았습니다. 초급자들을 위해 블로그의 개념과 운영방법 등도 포함해서 간단히 살펴보고 따라 해볼 수 있습니다.

잘못된 지식과 루머로 인해 일반 블로거들끼리 검색엔진 고객센터에 신고를 하기도 하고 심지어 민사소송을 걸기도 합니다. 사실이 아닌 내용으로 인해 이런 일들이 벌어진다는 것에 마음이 아픕니다. 사진 도용 문제나 IP 쪽으로 조심해야 할 것들에 대해 〈블로그 루머 총정리 Q&A 20선〉편에서 별도로 다루었습니다. 운영 시 피해야 할 것도 따로 명시하여 올바르고 제대로 된 운영을 할 수 있도록 하였습니다.

느지막이 필자를 간단히 소개하자면 현재 소규모 중소기업 직원들을 대상으로 하는 블로그 단체강의와 블로그로 홍보할 수 있는 모든 사업자를 대상으로 실전 상급(고급)반 상위노출 개인 집중과외를 진행하고 있습니다. 간혹 바이럴 업체들의 강사로도 활동하는 개인교습 블로그 전문강사입니다.

지금까지는 지식과 실전 경험을 바탕으로 한 비법을 혼자 간직한 채 주로 개인들을 대상으로 하는 전략 과외를 하였지만 이젠 이 책을 통해 초·중급자분들이 크게 실수하는 것들과 피해야 할 루머들을 알려 드려 **최대한 저품질에 걸리지 않고 롱런하는 블로그 노하우**를 여러분과 공유하려고 합니다.

이 책을 읽으시는 모든 독자 여러분에게 행운과 사업 성공의 기쁨이 함께하시길 바랍니다.

2015년 9월
마케터 K 드림

차례

Part 1 기초편

블로그 마케팅 제대로 이해하기

- Lesson 01 블로그란? ▶ 10
- Lesson 02 블로그의 장점 ▶ 14
- Lesson 03 블로그 운영 사례 ▶ 16
- Lesson 04 마케터 K와 독자와의 3가지 약속 ▶ 22
- Lesson 05 블로거들의 영원한 로망, 상위노출에 대하여 ▶ 29

Part 2 실전편

3시간만에 뚝딱, 내 블로그 만들기

- Lesson 06 ID 개설하기 ▶ 40
- Lesson 07 프로필 작성하기 ▶ 42
- Lesson 08 타이틀 만들기 ▶ 44
- Lesson 09 스킨 꾸미기 ▶ 46
- Lesson 10 카테고리 설정하기 ▶ 48
- Lesson 11 포스트 작성하기 ▶ 50
- Lesson 12 상단메뉴 설정하기 ▶ 52
- Lesson 13 레이아웃 설정하기 ▶ 54
- Lesson 14 서명 넣기 ▶ 56
- Lesson 15 이웃과 소통하기 ▶ 58

Lesson 16	스팸 차단 설정하기 ▶ 62
Lesson 17	맞춤법 검사하기 ▶ 64
Lesson 18	파워링크로 광고효과 극대화시키기 ▶ 65
Lesson 19	사진 편집하기 ▶ 68
Lesson 20	다음 블로그 개설하기 ▶ 72
Lesson 21	RSS 등록하기 ▶ 74

Part 3 고급편

저품질 대처, 노출,
최적화를 위한
고급비법 따라하기

Lesson 22	확실한 타깃, 정확한 키워드를 조준해라 ▶ 84
Lesson 23	방문객 1만 명 찍기 & 관리법 ▶ 93
Lesson 24	저품질 예방법 A to Z ▶ 114
Lesson 25	노출을 극대화시키는 포스팅 노하우: 블로그로 돈을 벌어보자 ▶ 137
Lesson 26	블로그 최적화를 위해 반드시 피해야 할 것 ▶ 165
Lesson 27	블로그 루머 총정리 Q&A 20선 ▶ 168
Lesson 28	상위노출과 스크랩의 관계 속 시원히 말하다! ▶ 190

Part 1

기초편
블로그 마케팅 제대로 이해하기

블로그란?
블로그의 장점
블로그 운영 사례
강사와의 약속
모두의 꿈 상위노출이란?

Lesson 01 블로그란?

♛ 블로그는 '1인 미디어 일지'이다

블로그는 Web + log의 줄임말로 자신의 관심사를 인터넷 공간에 자유롭게 올릴 수 있는 '**1인 미디어 일지**'입니다. 하지만 PC와 인터넷이 발달하고 1인 1스마트폰 시대가 열리면서 온라인 쇼핑이 대중화되고 웹상에서의 지식, 후기 공유가 활발해졌습니다. 우리나라 대부분의 사람들이 인터넷을 활용하고 있어 온라인의 영향력이 점점 커지고 있는 요즘에는 블로그가 사업 홍보용으로도 사용되고 있으며, 리뷰(제품과 업체들의 후기 포스팅 작업 등)를 직업이나 부업으로 하는 사람들도 많아졌습니다.

또 사회인들의 경우 개인 포트폴리오를 어필하기 위해 사용하기도 합니다. 저와 여러분은 올바른 운영으로 수많은 블로그들을 뚫고 내 글이 상위로 올라가는 것을 제1의 목적으로 합니다.

우리나라에서 가장 많이 하는 블로그는 네이버, 다음, 티스토리 등입니다. 블로그는 정말 쉽습니다. 연세가 많으신 분이나 아직 청소년인 친구들이나 모두 블로그를 활용하는 데 큰 어려움이 없습니다. 사진을 올리고 글을 올리고 추가적으로 동영상이나 지도를 첨부할 수 있습니다.

[블로그 포스트의 구성] 블로그 포스트는 ❶ 제목 ❷ 사진 ❸ 글(텍스트)의 조합으로 완성된다.

가장 기본적인 것은 사진과 텍스트 2가지입니다만, 그 외에 플러스 요인을 첨가하여 튼튼하게 운영하셔야 치열한 경쟁을 뚫고 위로 올라갈 수 있기에 어떻게 하면 블로그를 잘 운영할 수 있는지 많은 분들이 궁금해 하시기도 하고 어려움을 느끼시기도 합니다.

블로그의 장점은 거주지역의 제한이 없고, 본명과 직업이 무엇이든, 외모가 어떻든 간에 누구나 편견 없이 쉽게 시작할 수 있으며, 게다가 나의 의견을 내 맘대로 적어 내려갈 수 있다는 것입니다. 또한, 운영 시 피해야 할 것들을 숙지하고 유의한다면 꾸준히 롱런할 수 있다는 것도 큰 장점입니다.

♛ 최고의 블로그 에이스는 네이버

인터넷 검색엔진은 네이버, 티스토리, 다음, 야후, 구글 등이 있습니다. 우리나라에서 블로그를 운영하는 유저들은 거의 네이버와 다음, 티스토리를 사용하며 그중 최고의 에이스는 우리 모두가 알고 있듯 네이버입니다.

현재 네이버는 검색의 70% 이상을 담당한다고 합니다. 즉 블로그를 운영할 생각이 있는 분들께는 네이버를 추천해드립니다.

> 네이버를 제외한 다른 블로그에서 운영하는 블로그가 상위노출이 더 잘된다는 설이 있습니다. 사실은 그렇지 않습니다. 루머 총정리 시간에 다시 설명해드리겠습니다.

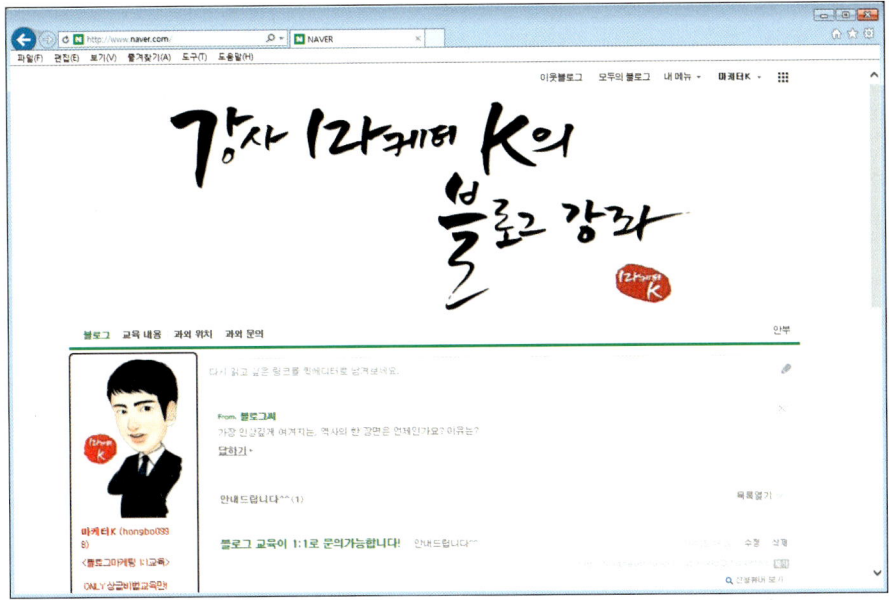

[강사 마케터 K의 블로그] 본 책의 저자인 강사 마케터 K의 블로그 초기 화면이다

Lesson 02 블로그의 장점

본격적으로 블로깅을 시작하기 전에 먼저 블로그의 장점을 알아보겠습니다.

> 블로깅(blogging): 사이버 공간에 자신의 블로그를 개설·운영하면서 타인의 블로그와 소통하는 행위를 말합니다.

♛ 블로그는 공짜다

온라인 광고는 이미 선택이 아닌 필수가 되어버린 상황입니다. 그중에서 블로그는 공짜라는 점에서 상당히 큰 메리트가 있습니다. 즉 사업체의 규모가 크든 작든 누구나 도전할 수 있고 시도할 수 있는 것이죠. 광고업체를 거치지 않고도, 혹은 블로그 담당 직원을 두지 않고도 충분히 시간과 노력만 투자할 수 있다면 본인이 직접 내 회사, 내 매장, 내 제품 또는 나 스스로를 광고할 수 있고, 연간 수백 혹은 수천에 달하는 광고 지출을 줄일 수 있습니다.

♛ 블로그는 단순하다

물론 블로그를 개설하여 '어떤 키워드를 토대로 글을 작성하여 노출시키고 어떻게 블로그의 품질을 최상으로 높여 흔히 말하는 최적화를 시키는가'를 고민하고 실천하는 과정은 험난한 길입니다. 블로그는 단순하지만 결과가 쉽게 나타나지는 않습니다. 되도록이면 쉬는 날 없이 매일매일 시간을 투자하여 운영해야 합니다. 블로그는 그만큼 내 개인시간을 줄여가며 신경을 상당히 많이 써줘야 합니다.

하지만 전체적으로 블로그를 크게 나눠본다면 ① **글(포스팅)** ② **사진 올리기** ③ **이웃과 소통** 이렇게 3가지로 나눌 수 있기 때문에 몸이 조금 불편하거나 컴맹이거나 혹은 연세가 있는 분이라도 컴퓨터와 인터넷만 사용할 수 있다면 전국 어디서든 충분히 가능합니다.

♛ 블로그의 효과는 대단하다

신기하게도 우리나라에는 검색 포털사이트가 극소수만 존재합니다. 이는 스마트폰이나 PC로 사람들이 검색할 때 우리의 블로그를 볼 확률이 매우 높고 검색 노출만 된다면 전국의 사람들이 나의 글을 볼 수 있는 기회가 생긴다는 것을 의미합니다. 스마트폰 보급률이 매우 높아짐에 따라 그 효과는 배, 아니 그 이상이 되고 있습니다. 물론 그로 인해서 경쟁이 심해지고 있기 때문에 어려움도 많겠지만 이 책을 통해 최대한 피해야 할 것들과 검색 노출의 **TIP**을 배우면서 어려움을 극복해봅시다.

♛ 블로그는 장소와 나이에 제한이 없다

블로그 운영자가 제주도에 살든, 옥탑방에 살든, LA에 살든 전혀 상관없습니다. 인터넷이 되는 공간에만 있다면, 심지어 컴퓨터가 없는 상황이라면 모바일과 태블릿 PC로도 블로그를 활용할 수 있습니다. 즉, 멋진 사업체도, 근사한 사무실도 필요 없으며 내 방 안에서도 가능한 작업입니다. 게다가 나이 제한이 없기 때문에 남녀노소 누구든지 가능하다는 것도 크나큰 장점입니다.

Lesson 03 블로그 운영 사례

👑 블로그 운영 사례 1

기존에 제 블로그 수업을 들었던 수강생분들의 사례를 살펴보겠습니다.

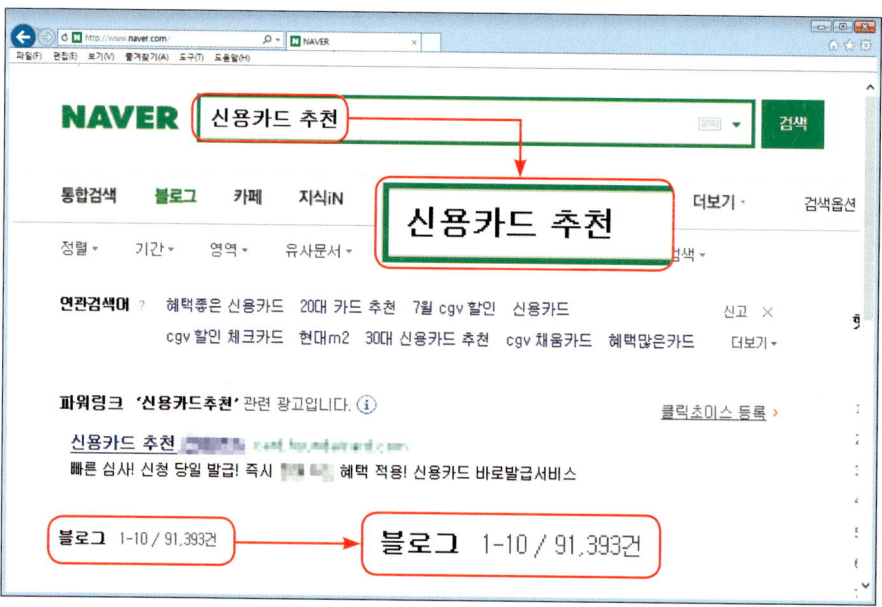

[신용카드 추천 검색]
네이버에서 '신용카드 추천'을 검색해보면 블로그 섹션에 91,393개의 신용카드 추천 관련 글이 있다.

이건 많은 분들이 공감할 만한 제 수강생의 실제 이야기입니다. 이분은 5년 전 카드 영업 활동을 할 당시 더 나은 실적을 올리려면 지인이나 소개로만 영업을 할 수 없다고 판단하였습니다. 그래서 개인 블로그를 운영하면서 카드에 관한 여러 가지 글을 썼는데 그 당시 올리는 글마다 상위노출되면서 다른 라이벌 사원들에 비해 400% 이상의 수익을 올리는 1등 영업사원이 되었습니다.

많은 사람들에게 인정받고 승진할 기회도 얻었지만 영업사원으로 활동하여 버는 수입이 더 크기에 잠시의 망설임도 없이 매니저가 될 수 있는 승진을 거부하였습니다. 당시에는 당연히 이 실적과 행복이 영원할 줄 알았던 것이죠. 하지만 이게 어찌된 것일까요. 2012년 블로그 검색 로직이 전보다 똑똑하게 바뀌며 계속되는 저품질의 반복... 떨어지는 급여... '아! 이제 블로그의 시대는 끝났구나. 그렇게 온라인에서 잘나가던 내가 안되면 더 이상 블로그계에 승산은 없는 거야.'

여태까지 블로그를 하면서 곁들였던 모든 노하우와 스킬이 먹히지 않았습니다. 그분이 작성하였던 단 한 개의 카드 관련 광고 글도 위로 올라오지 않았습니다. 그렇게 암울한 실석이 계속되었고, 급기야 초심으로 돌아가 지인과 소개영업으로 전향하였습니다. 하지만 이미 인터넷으로 어마어마한 양의 인바운드 문의가 오는 경험이 있었기 때문에, 발품을 파는 영업은 지치고 힘들고 이젠 못 하겠다 생각이 들었다고 합니다.

꽉 차 있던 한 달 스케줄이 어느새 텅 비어버렸고, 지인들에게 판매하기 위해 설득할 자리를 마련하느라 만남을 자주 가져야 했으며, 그러다 보니 식비, 교통비 지출이 수입의 절반 이상이 되었다고 합니다. 그만큼 수입은 크게 줄고 지출은 늘어난 것이죠. 마음은 다급해지고, 결국 퇴사하기로 결정하였습니다.

하지만 인터넷을 검색해보니 여전히 블로그로 많은 수익을 내는 사람들이 있었고, '블로그 사업성이나 시장 변화가 문제가 아니라, 블로그는 로직(검색엔진의 키워드 평가 기준)이 계속 변하는데 나는 변하지 않고 예전 방식만 고집한 게 문제구나. 내가 블로그에 대한 지식이 부족했구나.'라는 생각이 들어 울컥했다고 합니다.

그래서 포기하지 않는 열정으로 여러 개의 블로그 관련 서적들을 구입하고 여러 군데에서 블로그 레슨을 들었으나 뻔한 이야기일 뿐 큰 도움이 되지는 않았다고 합니다. 그렇게 지쳐갈 때쯤 마지막으로 제 수업을 듣게 되었습니다. 그리고 단 40일 만에 다시 전성기의 노출 확률로 되돌아갔습니다. 가끔 수강생분들이 제가 마지막 블로그 강사였다고 말씀하시는데 그 말을 들었을 때의 기분은 이루 말할 수 없을 정도로 기쁘답니다.

♛ 블로그 운영 사례 2

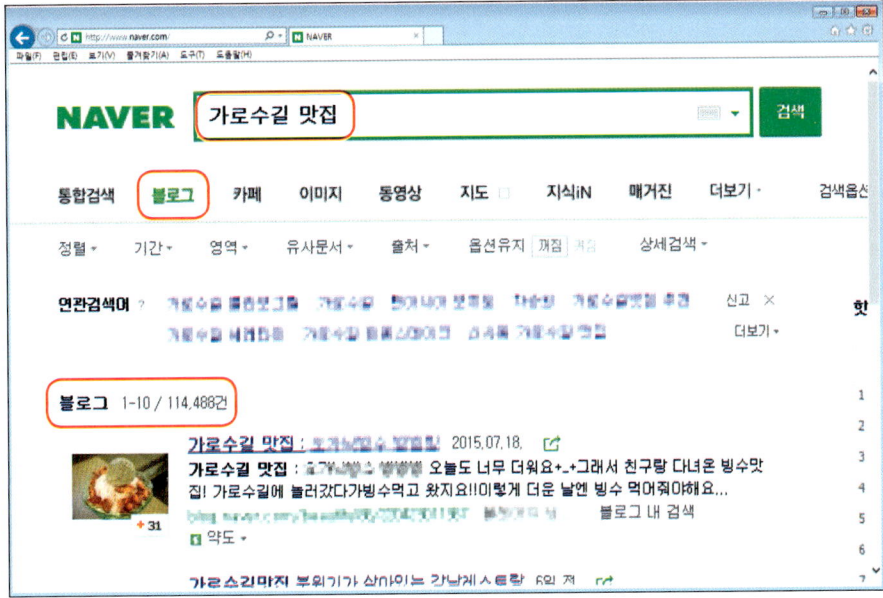

[가로수길 맛집 검색]
블로그 섹션에 가로수길 맛집 관련 글은 114,488건이 있다. 누적된 글의 숫자가 클수록 '**핫 키워드**', 즉 인기 좋은 검색어라고 볼 수 있다.

가로수길에서 조그마한 이탈리아 레스토랑을 차린 사장님의 이야기입니다. 가로수길은 근처에 회사도 많고 여러 종류의 가게들이 즐비해 있어서 젊은이들이 많이 찾는 핫플레이스 상권이라 매물이 좀처럼 나오지 않았습니다. 결국 오랜 시간이 걸려 계약을 했는데, 예상한 것보다 장소가 비좁고 손님들이 좀처럼 찾기 힘든 2층이었다고 합니다. 그래도 스스로 음식 맛은 자부했기 때문에 손님들만 예상대로 찾아준다면 매출이 좋을 것이라고 생각했고, 기회가 되면 2호점도 내려고 계획했습니다.

하지만 현실은 그렇지 못했습니다. 사람들은 자연스레 1층의 가게들에만 눈길을 주고 또 인터넷에 홍보가 많이 되어 있는 곳만 찾았습니다. 분명 우리 가게의 음식 퀄리티가 객관적으로도 훨씬 괜찮았는데도 주목받기가 영 쉽지 않았습니다. 그래서 쿠폰제도, 기존 고객들에게 문자 발송 등 다양한 시도를 해보았으나 결과는 마찬가지였습니다. 음식이 맛있다고 무조건 장사가 잘되는 시대는 끝나고 있습니다. 온라인 홍보가 받쳐줘야 초반 방문 손님들이 늘어납니다. 또 사람들은 습성상 '내가 아는 곳, 가본 곳'을 지인과 다시 찾게 되어 있습니다. 가격과 퀄리티가 나쁘지 않고 어느 정도 만족했다면 말이죠.

음식의 맛이 없다면(내가 지불한 만큼의 퀄리티, 가성비가 나오지 않으면) 아무리 홍보를 한들 조만간 인기가 식어버리겠지요. 하지만 이렇게 좋고 비싼 상권에 매장을 오픈하는 분들 중에 맛없고 품질이 떨어지는데 장사하겠다고 하는 분은 아마 없을 거라 생각합니다. '음식 맛이 좋다'고 가정할 때 진정한 관건은 홍보입니다. 그래서 레스토랑 사장님은 블로그를 직접 운영하였습니다. 하지만 이런 시도가 처음이고 시간도 나지 않아 결국 블로그가 잘되지 않자 위탁업체에 맡기게 되었습니다. 그럼에도 결국 본인이 원하는 양질의 글이 나오지 않았고 또 실제로 글이 노출되는 일수가 예상보다 많지 않았기 때문에 불만이 생겼습니다. 게다가 홍보로 소비되는 지출이 너무 많고 자꾸만 매출이 떨어지는 상황이라 벅차기만 했습니다.

결국엔 집중적으로 블로그만 운영하는 직원을 따로 채용하였지만 이 직원도 실제로 노출시키는 방법을 잘 몰랐습니다. 그렇게 시간이 흘러 '온라인 홍보를 접어야겠다'는 생각이 들 무렵 마지막 도전이라 생각하고 제게 상급반 강의를 들으러 찾아오셨습니다.

수업을 진행하면서 그 사장님이 상당히 잘못된 블로그 지식과 헛소문이라 봐도 무방한 루머를 인지하고 계신다는 사실을 알게 되었습니다. 이미 숙지하고 있었던 지식의 80% 이상이 전혀 도움이 안되거나 오히려 블로그 운영에 악영향을 끼치는 내용이었습니다. 아마 홍보를 맡겼던 블로그 홍보대행업체에서 사장님의 요구(Needs)대로 되지 않자 둘러대기 위해 많은 핑계를 댄 것을 사장님은 그대로 믿고 계신 것 같았습니다.

수업이 끝나고 새로 블로그를 개설해 키우셨으며 제가 한 달 동안 소통하며 잘못된 운영법을 지적해드리고 안 좋은 습관을 고쳐나가도록 도와드렸습니다. 그러자 드디어 사업을 시작하고 처음으로 블로그가 노출되기 시작하였습니다. 이처럼 현재 갈피를 못 잡고 계신 분들은 블로그를 아예 접으려, 아예 버리려 하지 마시고 제대로 된 지식을 배우는 데에 집중해야겠습니다.

노출은 절대 쉽게 그리고 아무나 되지 않습니다. 그렇기 때문에 전국의 수많은 분들이 골치를 썩고 있는 것입니다. 절망하지 마시고 저와 함께 새롭게 이 책을 통해 초중급코스로 시작하여 성과를 보시길 기원합니다. 무슨 일이든 마찬가지겠지만 블로그는 무엇보다 꾸준함과 끈기가 중요합니다. 지금껏 안되었다고 앞으로도 안 될 거라는 마음은 버리시기 바랍니다. 포기하지 마세요. 절대!

Lesson 04 마케터 K와 독자와의 3가지 약속

 절대 모험하지 않기

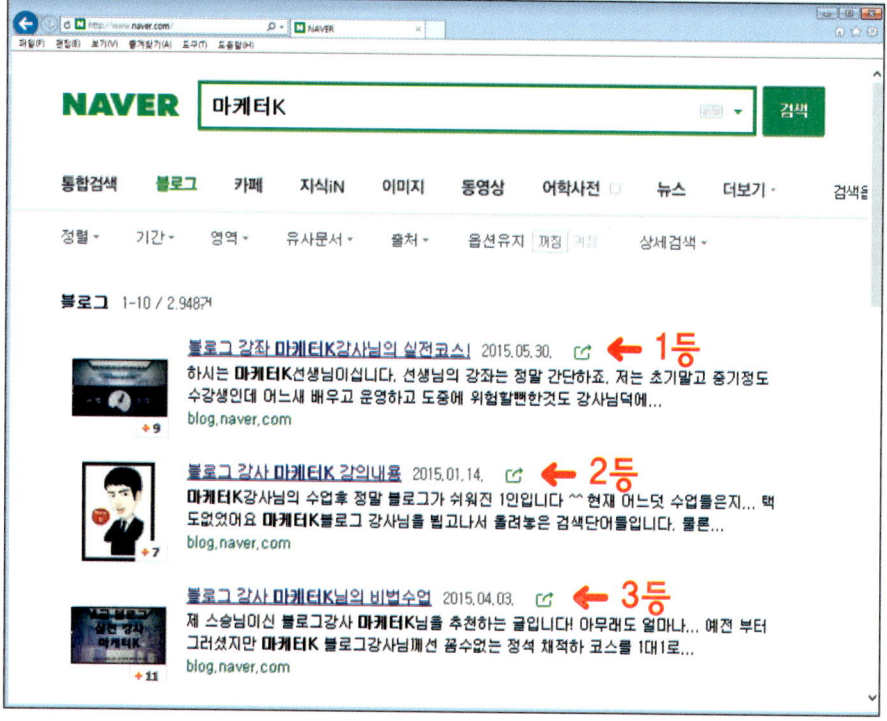

[블로그 섹션의 마케터 K 관련 화면] 첫 페이지 맨 위에서부터 1등, 그 아래로 2등, 3등 순서이다.

'절대 모험하지 않기?' 도대체 이게 무슨 말인가요! 간단합니다. 노출이 잘되는 다른 블로그를 무작정 따라 하지 않는 것입니다. 지금까지 블로그를 해온 분들은 이미 수많은 시행착오를 겪었을 거라고 생각합니다. 글을 작성했는데 상위노출(1등부터 5등)이 되지 않았다면 내가 쓴 글보다 높은 순위에 올라와 있는 다른 블로그에 들어가서 그 글이 왜 나보다 위에 있는 것일까 나름 연구하고 분석하고 그 결과를 시도해보기도 합니다. 예를 들어 댓글과 공감은 몇 개인가 알아보는 거죠. 저는 과감히 이것을 하지 않아야 한다고 말씀드립니다.

"혹시 블로그 운영자 본인이 자신의 다른 아이디로 댓글을 다는, 흔히 말하는 어뷰징하는 거 아니야?"라고 생각하여 댓글이 달린 시간과 ID를 유심히 보거나, 또는 본인이 앞으로 작성할 글의 주제 키워드를 검색창에 입력해서 현재 상위노출되고 있는 1등부터 5등까지의 블로그를 들어가보고, 다음과 같은 풀리지 않는 미스테리를 경험하셨을 겁니다.

> 어뷰징: 개인이 본인의 계정 외 부계정 등 다중계정 조작을 하여 부당하게 블로그의 품질을 높이려는 행위를 일컫는 말

"어라? 얘는 왜 이렇게 글이 짧아?"
"이 블로그는 댓글, 공감이 엄청 많네?"
"사진이 몇 개 없는데 왜 1등으로 노출되고 있지?"
"이분은 또 댓글이 없는데 왜 상위노출 1등이지?"
"이 블로그는 댓글과 공감이 다른 2등과 3등을 하고 있는 블로그보다 적은데 왜 1등인 거야?"

이런 의문을 가져보신 분들의 머리에 한 가지 생각이 떠오르게 됩니다. "그렇다면 이것저것 다 해보지 뭐." 그리하여 댓글도 본인이 여러 아이디로 달아보

고 글도 노출이 안되면 똑같은 키워드로 몇 개 더 써보고 방문객을 늘리려 실시간 검색어나 연예뉴스, 인기 좋은 글들을 써보기도 하고, 블로그를 하나 더 키워보기도 합니다.

"흐음, 내가 쓴 글들 중 몇 개는 검색이 잘되는데, 왜 노출시키려 하는 광고글은 죽어도 안 올라오는 걸까…" 이렇게 많은 분들이 시간과 공을 들여 블로그를 하다가 지쳐 접게 됩니다. 몇몇 독자분들은 웃으실지 모르지만, 경험상 정말 이렇게 블로그를 접는 경우가 허다합니다.

자, 이쯤에서 이 책을 읽으시는 여러분은 저와 약속을 하나 하셔야 합니다. 제가 가르치는 블로그 수칙 첫 번째입니다. **절대 인터넷상의 루머에 귀기울이지 않고 잘나가는 다른 분들의 블로그 혹은 경쟁하고 있는 블로그를 따라 하지 맙시다.**

80%의 확률로 **저품질**에 걸리게 됩니다.(저품질에 관해선 차차 배우도록 하겠습니다.) 상위노출되고 있는 블로그도 자신도 모르게 저품질에 슬슬 걸리고 있는 곳이 많습니다. 그래서 다른 블로그를 무작정 따라 하다 보면 나도 모르게 어느새 저품질의 저주에 걸려 매출 부진으로 정신적 고통을 겪고 그동안 공들인 아주 많은 시간을 물거품으로 만들고 맙니다. 공든 탑은 하루아침에 무너지지 않는다고 하지요. 하지만 무너집니다. 블로그의 세계에선.

저품질 관련 정보는 뒤에서 다시 살펴보겠습니다.

♛ 절대 프로그램 쓰지 않기

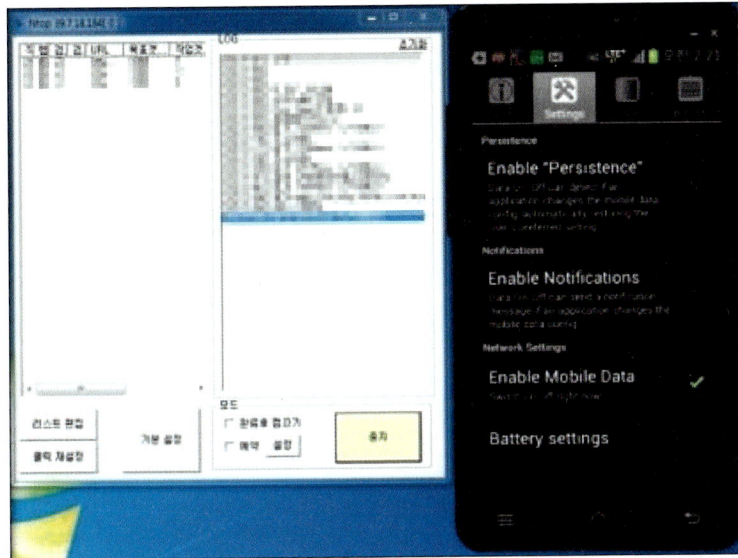

[불법 프로그램]
불법 프로그램에는 댓글 공감을 자동으로 달아주는 프로그램, ID와 IP를 계속 바꿔주는 프로그램, 댓글이 달리는 시간대를 조정해주는 프로그램 등이 있다.

[불법 프로그램 검색 화면]
네이버 지식iN에서 블로그 프로그램을 검색하면 다음과 같은 검색 결과가 뜬다. 블로거의 심리를 교묘하게 이용하는 불법 프로그램을 절대 사용하지 말자.

여기서 제가 말하는 프로그램은 전혀 검증되지 않은 것들입니다. 그리고 이런 많은 종류의 프로그램을 사용해 키워드 노출이 잘되고 블로그 운영이 편하게 잘되더라도 조만간(그것도 생각보다 매우 빠른 시간 안에) 그 프로그램들은 루트가 막히고 맙니다. 정확히 말하면 검색엔진 측에서 밴(차단)을 시키거나 프로그램을 사용하였던 유저에게 저품질이 걸리게 하는 등 패치를 하는 것이죠. 게임에서도 크고 작은 핵이 있고 그것을 막는 분들이 있듯 마찬가지의 개념이라고 보면 됩니다.

위와 같은 행위를 뻔히 검색 사이트가 싫어함에도 불구하고, 당장 노출이 시급하다고 생각하는 분들은 한 번쯤 이 '프로그램'이라는 것을 사용해봐야겠다는 유혹에 휩싸입니다. 그런 분들이 생각보다 굉장히 많고 제 강의를 듣지 않은 분들 중에도 프로그램을 써도 되는지 여부를 문의하는 분들이 많답니다. 절대 여러분은 어떠한 불법 프로그램도 사용하지 않기를 바랍니다.

이런 프로그램에는 여러 종류가 있습니다. 댓글 공감을 자동으로 달아주는 것, ID와 IP를 계속 바꿔주는 것, 그리고 댓글이 달리는 시간대를 조정해주는 것도 있습니다. 즉 블로그가 가장 중요하게 생각하는 '소통활동'을 '자동 및 자가소통'하겠다고 주장하는 건데 검색엔진 회사에서 당연히 이런 프로그램을 사용하는 분이 잘되게 놔두지 않겠죠?

뒤에서 집중적으로 살펴보겠지만 소통은 어렵지도 않고 오랜 시간이 걸리지도 않습니다. 돈 들여서 불법 프로그램을 이용하여 소통하는 것은 정석이 아닙니다. 심지어 공대를 나와서 이런 프로그램을 만드는 프로그래머들도 저에게 과외를 받으신 분들이 많습니다. 즉 정석이 아니라는 거죠! 로직은 수시로 변하니까요!

👑 절대 글, 블로그, ID 사고팔지 않기

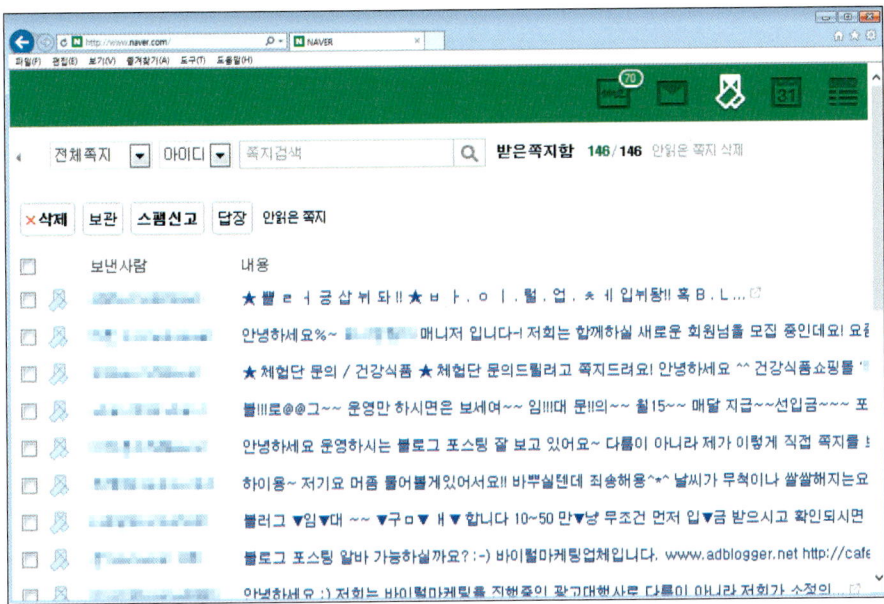

[스팸 이메일] 블로그를 해당 업체 및 개인에게 판매하라는 내용이다. 블로그는 곧 내 ID이며 개인정보이고 또 불법적인 용도로 쓰일 수 있으므로 절대 판매해서는 안 된다.

제가 운영하고 있는 블로그의 댓글 혹은 이메일이나 쪽지로 잘 키워진 최적화 블로그를 얼마에 팔겠다는 광고글이 많이 옵니다. 또 블로그를 판매하면 최대 50만원을 준다는 스팸쪽지, 이메일, 댓글도 많습니다. 심지어는 블로그 지수를 올려준다는 명분하에 미리 자기들이 작성한 글(포스트)을 100개에 얼마, 이런 식으로 판매하는 곳도 있습니다.

제 수강생들의 경우, 보통 구매 후 한 10일 정도는 효과가 있었다고 합니다. 그러나 그 후에 블로그가 서서히 망가지는 것이 아니라 한순간에 상위노출이 안되고 올라왔던 몇몇 글들도 갑자기 다 내려가게 되었답니다. 즉 내 돈을 들여서 악의 구렁텅이로 빠지는 최악의 지름길이라 볼 수 있습니다.

구매한 포스트나 블로그로 상위노출이 안되면 환불이나 컴플레인을 할 수도 없습니다. 게다가 나한테 판매한 포스트들은(이미 작성된 글들을 팝니다. 우리는 복사해서 붙여넣기만 하면 되는 형식입니다.) 다른 사람에게도 당연히 판매했다고 보시면 됩니다. 여러 명에게 동시에 판매를 하여 재탕 판매를 할 수도 있겠지요.

내 블로그를 자신들에게 판매하라는 권유는 내 명의로 된 ID를 판매하는 것이니 내 명의를 판매하라는 것과 같습니다. 이를 어떠한 용도로 사용할지는 아무도 모릅니다. 대포통장, 대포폰과 같은 경우입니다. 게다가 얼마나 정성스럽게 관리해야 하는 블로그인데 단돈 몇만 원 정도에 판매를 하겠습니까! 전 죽어도 못 팝니다! 우리는 절대 포스트와 블로그와 ID를 사고팔지 맙시다.

위의 3가지 약속을 지키신다면 책을 읽으며 무난하게 키워드를 공략할 수 있는 아주 기본적인 준비가 되신 겁니다.

Lesson 05

블로거들의 영원한 로망, 상위노출에 대하여

상위노출은 'TOP 5'까지이다

〈A〉 [PC 블로그 통합검색 화면]
블로그 섹션이 5개 뜨는 PC 통합검색 화면이다.

[PC상의 블로그 섹션] 통합과는 다르게 블로그 섹션에선 블로그만 정리하여 나온다

이쯤에서 여러분이 궁금해 하시는 상위노출의 개념에 대해서 짚고 넘어가겠습니다. 상위노출은 요즘 들어 여러 사람의 의견이 나뉘지만 원래는 검색사이트 첫 화면인 통합검색 창이 아닌 블로그 섹션에서의 맨 위 1등부터 5등까지를 뜻합니다. 절대 6등~10등까지 해서 첫 페이지 TOP 10에 드는 것이 아닙니다. TOP 5까지입니다.

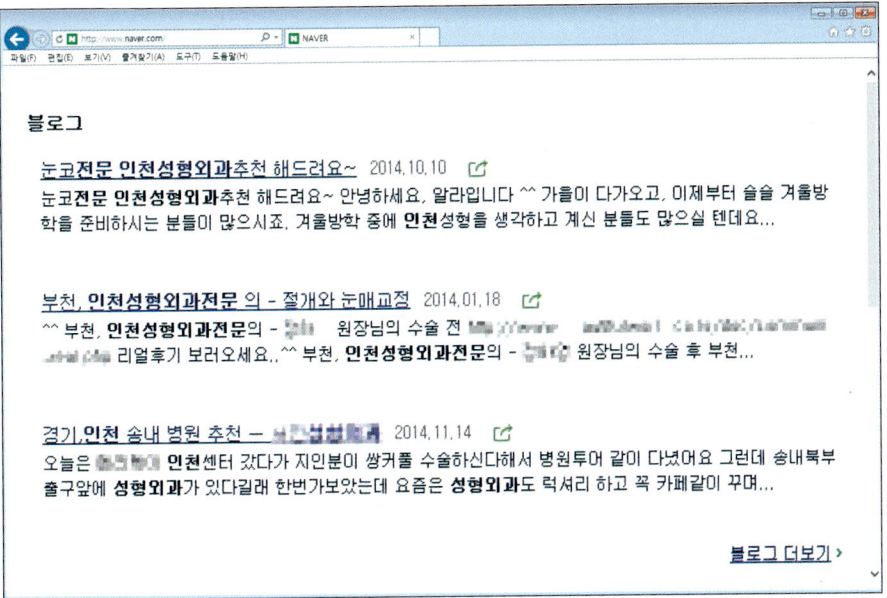

〈B〉 [PC 통합검색에서 블로그 섹션이 3개만 뜨는 경우] 블로그 섹션에서 5개의 블로그를 표시하지 않고 단 3개만 뜨는 경우이다.

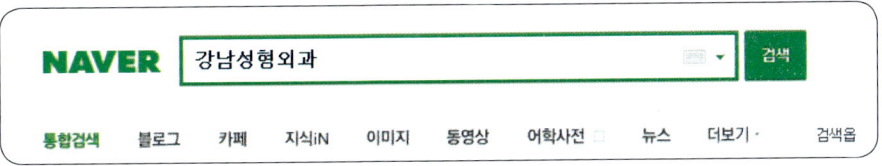

〈C〉 [PC 통합검색에서 블로그 섹션이 없는 경우] 인기가 좋고 경쟁자가 많거나 홍보성이 짙은 키워드일수록 통합검색 결과에 블로그 섹션이 나오지 않는다.

상위노출이 블로그 섹션에서 5등까지를 의미하는 이유는 PC버전 통합검색 같은 경우 〈A〉처럼 첫 화면에서 5등까지 블로그 섹션에 나오는 경우도 있지만 〈B〉처럼 그 이하의 개수만 뜨는 경우, 또 〈C〉처럼 경쟁률이 높고 상업성이 짙을 경우 아예 블로그 섹션이 통합검색 페이지에 뜨지 않는 경우도 있기 때문입니다.

⟨D⟩ [모바일 통합검색]
모바일 통합검색에서 지식인 웹문서 블로그 등 골고루 섞여 나오는 예

통합웹

무한도전의 힘ㄷㄷ
무한도전이 실시간 급상승 1위부터 10위까지 다 차지했어요!! 무한도전 요즘 그녀석과 대머리 형때문에 인기 떨어...
CAFE 2015.01.03

무한도전 - 위키백과
그 후 2005년 10월 29일부터 《강력추천 토요일》을 통해서 <무(모)한 도전>, <무(리)한 도전>, <무한도전 - 퀴즈의 달인> 이라는 제목으로... 그리고 2012...
WEB http://ko.m.wikipedia.org/wiki/...

무한도전 토토가, 가시지 않는 여운.
무한도전 토토가, 가시지 않는 여운. 방금 토토가 보셨나요? 추억의 가수들... 추억의 노래들... TV로 가만히 보고있...
BLOG 2015.01.03

지금하고있는 무한도전
앞부분에 불꺼지고 인적없는 mbc센터 보여주면서 시끌벅적한 mbc가 삭막해

N **무한도전**

통합검색 동영상 이미지 **블로그**

연관 길 갑 사건, 노홍철, 무한도전 토토가, 무한도전 나홀로집에, 무한도전 시청률, 1박2일

정렬 • 정확도순 • 최신순

[무한도전] 하하 인력거 홍대데이트코스
[무한도전] 하하 인력거 홍대데이트코스!! 안녕하세요 윤성입니다! 주말 잘들 보내고... 저만그랬나?ㅋㅋ 잇님들 저 어...
2일전

[무한도전] 나홀로 집에 속 케빈의 정체는 쏘우의 직쏘?
오늘 1월 10일에 방영되는 무한도전에서 나홀로 집에 특집을 한다고 해요. 무한도전 출연진들이 도둑이 되어 케빈...
3일전

⟨E⟩ [모바일 블로그 섹션]
모바일 통합검색에서 나오는 무한도전 블로그 섹션

⟨F⟩ [모바일에서 통합검색에서 블로그가 안 뜨는 경우] 성형외과를 검색해보니 카페, 웹사이트의 관련 글들만 나와 있다.

모바일의 통합검색에서도 ⟨D⟩와 ⟨E⟩를 보면 말 그대로 통합공간인지라 지식iN, 카페, 웹문서, 블로그를 모두 한군데에 섞어놓은 결과물이 나타납니다. 하지만 ⟨F⟩처럼 블로그가 아예 안 나오는 경우도 있지요. 즉 무조건 블로그가 모바일 통합검색에 '5개 노출된다, 3개 노출된다'의 개념으로 이해하면 안 되고 키워드마다 다 다르다고 보는 게 옳겠습니다.

하지만 모바일이든 PC든 블로그 섹션을 클릭했을 경우에 나오는 블로그들의 순위들은 두 개 다 동일합니다. 즉 ⟨A⟩과 ⟨E⟩에서 나오는 결과는 같습니다.

기본적으로 상위노출이 되는 데에 필요한 요소는 포스팅의 제목과 본문에 해당 검색어(키워드)가 들어가 있어야 하며, 각 블로그의 품질(지수) 및 포스팅 영향력 = 인기도에 따라 순위가 나뉜다고 보면 되겠습니다. 하지만 이와 동시에 제대로 된 글쓰기 방법(저는 사진과 동영상도 모두 글쓰기에 포함합니다)과 운영방식이 뒷받침되어야 합니다.

블로그의 경우에 노출 TOP 5 안에 들지 못하면 그 아래에 있는 수만 개의 글들은 다 무용지물이라고 보셔도 됩니다. 여러분도 뭔가를 검색하기 위해 블로그들을 살펴볼 때 2페이지, 3페이지에 있는 20등, 30등 글들을 매번 유심히 읽어보진 않으셨을 거라고 생각합니다. 다른 사람들도 마찬가지랍니다.

♛ 블로그의 상위노출에도 그 기준이 있다

그렇다면 상위노출이 되고 안되는 것은 어떤 시스템에 근거하여 이루어지는 걸까요? 보통 이 기준을 '로직'이라고 하는데 검색엔진 또한 컴퓨터이기에 로직(기준)은 무조건적으로 존재합니다. 학교에서 선생님이 학생들의 과제를 평가하는 데도 채점기준이 있듯 당연히 블로그의 상위노출에도 그 기준이 있답니다.

상위노출의 효과는 많은 분들이 이미 알고 계시듯 전국의 거의 모든 사람들에게 어필할 수 있는 기회를 얻는 것입니다. 인바운드 상담문의 전화도 많이 오고, 블로그를 보고 가게를 찾아오는 손님들도 많이 생기게 됩니다. 지금 홈페이지를 갖고 계신 분은 광고주 검색등록인 네이버 파워링크를 하신다면 비용은 나가겠지만 효과가 생각보다 좋습니다. 블로그는 블로그대로, 파워링크는 파워링크대로 이 둘을 같이 병행하시면 홍보의 효과는 두 배가 될 것입니다.

파워링크 같은 경우 컴맹도 편리하게 관리할 수 있는 시스템을 갖추고 있습니다. 검색어를 지역마다 보이게 할 수 있는 기능도 있고 광고글도 직접 적을 수 있기 때문에 매우 효과적이며 고객센터의 안내서비스도 매우 잘되어 있어 전국의 많은 광고주들의 사랑을 받고 있습니다.

실전편
3시간만에 뚝딱, 내 블로그 만들기

파워블로거란?

최적화 블로그란?

전체 블로그 이미지

❧ 파워블로그란? ☙

누구나 블로그를 시작할 때에 파워블로거가 되고 싶다는 생각을 하기 마련입니다. 하지만 홍보를 목적으로 한다면 이런 희망은 일찍이 접으셔야 합니다. 요즘 파워블로거의 의미가 여러 마케팅업자들과 리뷰어들로 인해 희석되고 있습니다. 방문객이 많고 글이 상단에 노출이 잘되는 블로그를 파워블로그라고 칭하는 경향이 있습니다. 하지만 결코 아닙니다. 홍보성 없이 여행, 요리, 사진, 패션 등을 다루는 인기 좋고 투명한 블로그 중 검색사이트에서 연간 몇 명씩 추려 인정하는 블로그를 파워블로그라고 합니다.

위에 말한 노출이 매우 잘되고 방문객이 많아 영향력 있는 블로그의 제대로 된 명칭은 파워블로그라기보다 **최적화된 블로그**가 맞습니다.

❧ 최적화 블로그란? ☙

최적화 블로그가 흔치 않다 보니 그 의미가 또 잘못 전해지고 있는데요. 블로그의 품질(지수)이 좋아 작정하고 글을 쓰면 웬만큼 경쟁률이 높은 키워드도 거의 90% 상위노출이 가능한 좋은 퀄리티의 블로그를 최적화 블로그라고 합니다.

[홍대 데이트코스]라는 글을 10번 작성하여 3번 노출된다거나, 경쟁력이 낮은 키워드로 한 번에 상위노출이 됐다고 해서, 혹은 방문객이 많다고 해서 무조건 최적화 블로그인 것은 아니라는 뜻입니다. 우리는 홍보성을 지니고 운영할 것이며 블로그로 매출이 향상되는 것을 원하므로 순수한 파워블로거가 되려는 희망은 잠시 접어두고 최적화 블로그를 최단기로 만드는 것을 목적으로 해야 합니다.

ೞ 블로그 초기 화면 ೞ

Lesson 06 ID 개설하기

[네이버 회원가입하기]
네이버 공식 사이트 우측 상단의 로그인 버튼 밑에 있다.

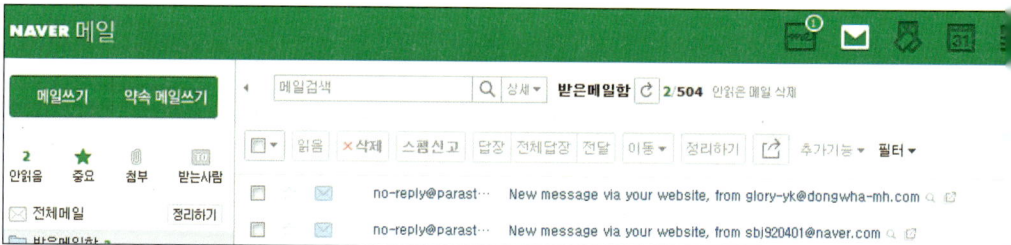

국내 최고의 인기 검색사이트인 네이버를 중심으로 다루겠습니다. 한 사람 명의로 3개의 ID를 만들 수 있습니다. 즉 3개의 이메일 주소와 3개의 블로그를 가질 수 있다는 뜻입니다.

하지만 한 개의 IP로 여러 개의 블로그를 운영하는 것은 바람직하지 않으며, 또 3개를 흐지부지하게 운영하느니 그 시간을 1개의 블로그에 투자하는 것이 훨씬 낫습니다.

사진을 찍거나 구하고, 글이 실제 노출되게끔 제대로 작성하며, 또 이웃과의 소통도 병행하는 이 과정이 매일매일 진행되어야 합니다. 때문에 일반적으로 생각하는 것보다 시간과 공이 꽤나 많이 들어갈 것입니다.

ID를 생성하고 로그인 후 이메일로 들어가보면 우측 상단에 내 ID와 함께 아래 방향 화살표가 표시됩니다. 아래 방향 화살표를 눌러보면 [내 블로그]를 클릭할 수 있습니다.

[회원가입 후 블로그 들어가기]
우측 상단의 블로그명을 클릭하면 '내 블로그'와 '가입한 카페'가 있다. 내 블로그를 누르면 바로 이동된다.

Lesson 07 프로필 작성하기

01

마케터K
(hongbo0998)

<블로그마케팅 1:1교육>

ONLY 상급비법교육만!
과외 방식으로 진행하는
마케터K입니다 ^^

(11시~6시 통화가능)

010-7504-1686

02

프로필 섹션을 알아보겠습니다. 쉽게 설명드리면 '나를 설명하는 공간'이라고 보면 되겠습니다. 관리에 들어가 설정하여 프로필의 위치를 내 맘대로 바꿀 수 있지만 기본적으로는 좌측 상단에 위치해 있습니다.

프로필 사진은 나의 사진 혹은 내가 원하는 회사 로고나 임의의 사진을 편하게 올려볼 수 있으며, 글의 내용은 나의 인사말, 좌우명, 유머, 각오 등 편한 대로 적으면 됩니다. 또한 통계에서는 내 블로그의 방문객수와 추세 그리고 사람들이 내 글들 중 어떤 글을 자주 찾아 클릭하여 들어오는지도 알 수 있어 유용하게 사용할 수 있습니다. 방문객을 꾸준히 올리거나 유지해야 하는 우리로서는 어제 얼마나 많은 사람들이 들어왔는지 살펴볼 수 있는, 매일같이 체킹해야 하는 곳이기도 합니다.

관리는 내 블로그의 디자인과 이웃 설정, 레이아웃 및 차단 기능, 글꼴 등등 모든 설정을 할 수 있는 블로그의 커맨드센터라고 할 수 있습니다.

01 [프로필 섹션]
  간단한 소개 글이나 블로거로서 목표에 대한 글귀를 적어보자.
02 [프로필 편집 및 관리·통계]
  작은 회색으로 표시되어 있는 EDIT 버튼을 눌러 프로필 섹션의 글과 사진을 수정할 수 있다. 그 아래의 관리 버튼과 통계 버튼은 매일같이 사용되는 버튼이다.

Lesson 08 타이틀 만들기

타이틀은 블로그 페이지의 상단 부분을 뜻합니다. 기본적으로 사이트에서 제공되는 샘플을 사용해도 되며 내가 만든 사진, 내가 갖고 있던 사진을 사이즈에 맞춰 올려 꾸밀 수 있습니다.

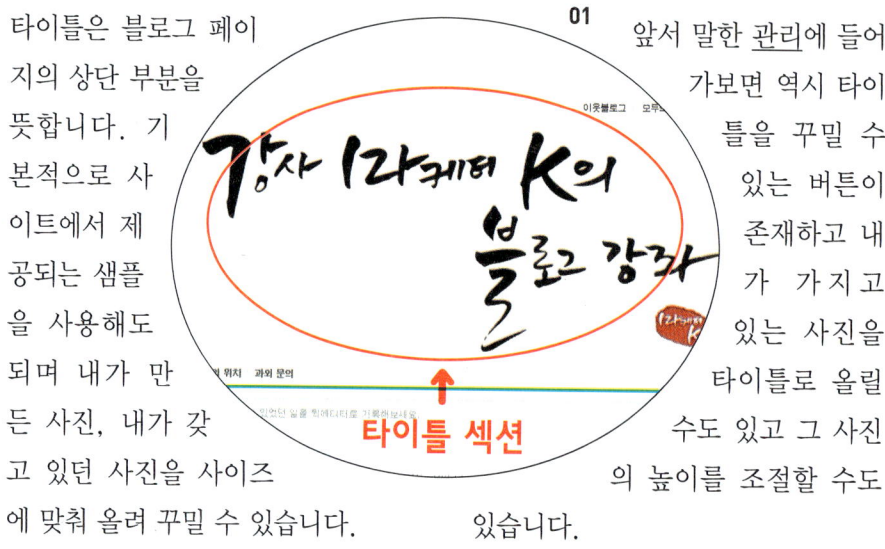

앞서 말한 관리에 들어가보면 역시 타이틀을 꾸밀 수 있는 버튼이 존재하고 내가 가지고 있는 사진을 타이틀로 올릴 수도 있고 그 사진의 높이를 조절할 수도 있습니다.

간혹 타이틀에 자신의 업체 전화번호나 사업자번호를 적어도 되는지에 대한 질문을 많이 받습니다. 2015년 6월 현재 평균적인 트렌드로는 올린다 하여 크게 상관은 없지만 꼭 추천하지는 않습니다.

또한 타이틀 꾸미기 리모콘에서 <u>타이틀 표시</u>를 누르거나 해제함으로써 내 블로그의 블로그 제목(타이틀)을 내가 올린 사진 위에 덮어 씌워 텍스트로 표시할 것인지 글씨 표시 없이 아까 올린 사진파일로만 꾸밀 것인지 설정할 수도 있습니다.

02

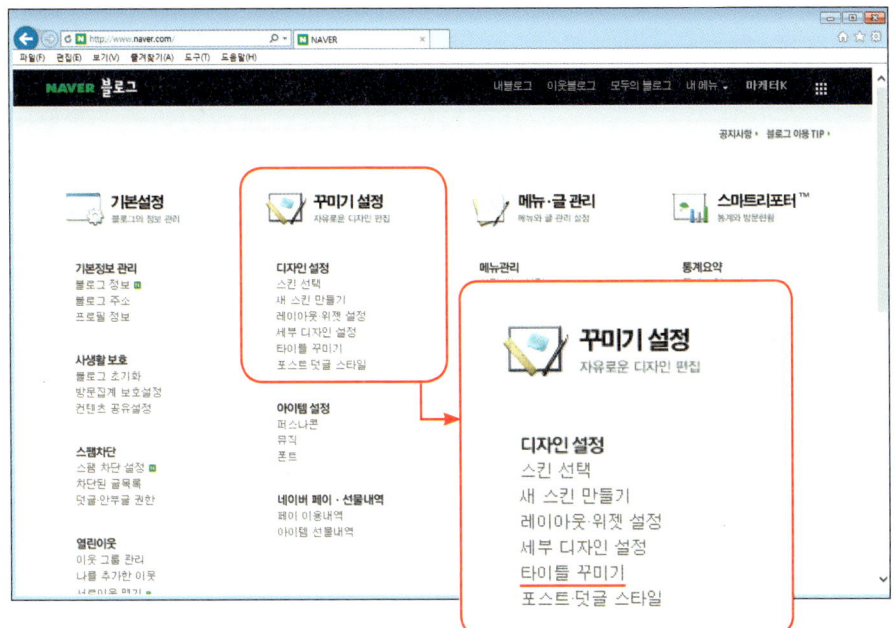

03

01 [타이틀 섹션]
블로그의 첫 번째 화면에서 맨 윗부분이 보통 타이틀 섹션이다.

02 [타이틀 꾸미기]
앞서 말한 관리를 누르고 들어가 타이틀 꾸미기를 선택하면 세부 디테일을 손볼 수 있다.

03 [리모콘]
사진파일을 직접 올릴 수도 있고 사진의 크기를 조정할 수도 있다.

45

Lesson 09 스킨 꾸미기

[블로그 스킨] 블로그 겉 바탕화면을 스킨이라 한다.

내 블로그의 겉 바탕화면의 사진을 넣어 꾸미거나 문양, 로고, 색감을 편집할 수 있습니다. 이를 스킨이라고 합니다. 위의 사진에는 흰색바탕, 즉 바탕화면이 따로 없는 깔끔한 흰색으로 설정되어 있습니다.

글꼴과 메뉴 그리고 내가 블로그에 표현하고 작성할 전체적인 분위기에 맞게끔 조정하여 깔끔하고 재치 있는 블로그를 만들 수 있습니다. 관리 → 꾸미기 설정 → 세부 디자인 설정에서 좀 더 디테일하게 스킨배경을 꾸밀 수 있습니다.

겉 스킨이나 타이틀과 프로필 등은 노출과 전혀 무관하니 편하게, 앞으로 내가 운영할 블로그의 콘셉트과 방향을 생각해보고 꾸미시길 권해드립니다. 물론 중도 변경이 가능하니 처음에 선택한 내 디자인이 마음에 들지 않았다 하여도 전혀 걱정하지 않으셔도 됩니다.

01

02

01 [블로그 스킨 설정하기]
스킨 선택 및 새 스킨 만들기로 나만의 개성을 살린 블로그로 바꿀 수 있다. 새 스킨 만들기 → 세부 디자인 설정을 클릭하면 스킨배경 리모콘이 뜨면서 좀 더 세세하게 배경을 꾸밀 수 있다.

02 [스킨배경 리모콘]
직접 등록 버튼을 통해 내가 가지고 있는 이미지파일을 삽입할 수 있다.

Lesson 10 카테고리 설정하기

카테고리 역시 자유롭습니다. 기본적으로 5~10개 정도로 구성하며, 많다고 좋은 것은 절대 아닙니다.

카테고리명도 역시 내 마음대로 정할 수 있습니다. 맛집과 일상 이야기, 내 취미와 사업 이야기를 동시에 다루는 블로그라면 4가지로 분류하여 보는 사람들이 편리하게 들어가 볼 수 있게끔 하는 게 핵심입니다. <u>EDIT</u>을 클릭하여 보기 좋게 구분선을 추가하거나 큰 카테고리 안에 작은 소분류 카테고리를 추가하는 기능도 있습니다.

글쓰기(포스팅)를 할 때 제목란의 좌측에 이 포스팅을 어느 카테고리에 넣을지 선택할 수 있으며 한 번 완성 후 저장된 포스팅의 경우 되도록이면 수정하지 않을 것을 권하는 터라, 처음 글을 쓸 때 이 글을 어느 카테고리에 포함시킬지 신중하게 결정해야 합니다.

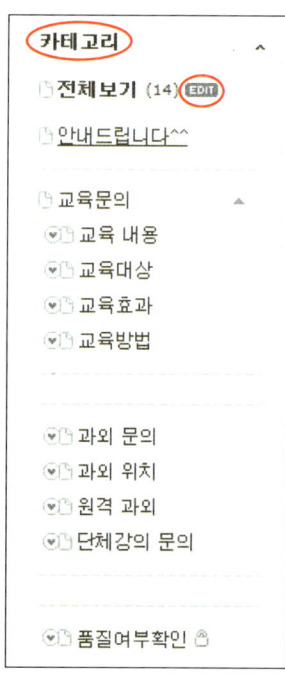

[카테고리 섹션]
기본적으로 블로그의 좌측에 위치하나 그 위치는 옮길 수 있다.

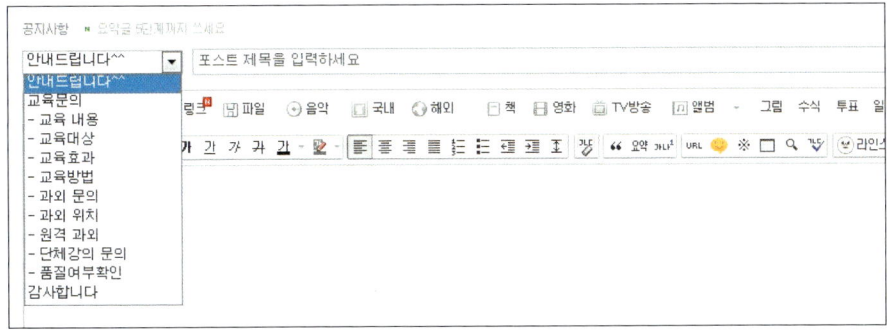

[카테고리 수정] EDIT 버튼을 누르고 들어가면 이렇게 추가 및 삭제, 변경을 할 수 있다.

[카테고리 설정]
포스트쓰기를 클릭하면 제목을 입력하는 칸 좌측에 현재 작성하는 글이 속하게 될 카테고리를 설정하는 칸이 있다.

Lesson 11 포스트 작성하기

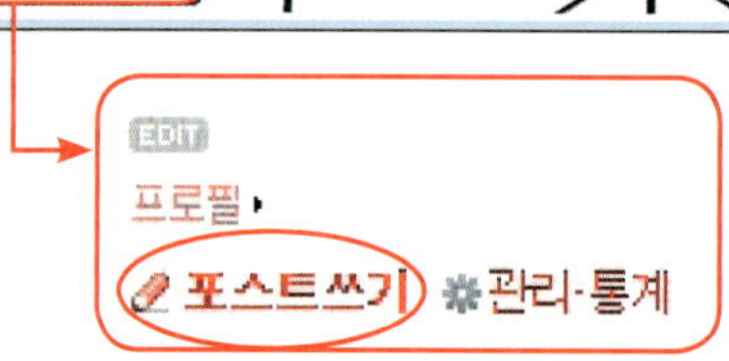

[포스트 쓰기]
프로필 섹션에 표시되어 있는 포스트 쓰기 버튼.
이곳에서 글쓰기를 시작할 수 있다.

검색사이트에서 검색하였을 때 내 글이 나오기 위해선 당연히 일단 글을 작성하여야 합니다. 블로그에 올리는 글을 포스트라 합니다. 블로그에서 흔히 글을 쓰는 행위를 '포스팅을 한다'라고 말합니다.

포스트는 내 블로그로 로그인하여 프로필 섹션의 아래쪽에서 <u>포스트쓰기</u> 버튼을 누르면 작성할 수 있습니다. 누구나 한 번쯤은 사용해본 컴퓨터의 메모장, 이메일 혹은 워드프로세서와 흡사한 공간입니다. 자유로이 글꼴과 크기를 정할 수 있고 맞춤법 검사도 가능하며 사진이나 동영상, 원하는 위치의 지도를 첨부할 수 있습니다. 간단한 이모티콘도 사용 가능합니다만 사이트에서 제공되는 글꼴과 이모티콘에 한정됩니다.

글을 아무렇게나 작성하지 않고 실제로 검색되게끔 작성하는 초, 중급자를 위한 글쓰기는 이후에 나올 글쓰기 챕터에서 다루겠습니다. 주제를 잘못 선택했을 경우 단 한 번의 글로 블로그가 빠르게 망가질 수도 있으며 글 한 번으로 위기를 벗어날 수도 있습니다.

글을 쓸 때 지금 유행하는 핫이슈 키워드 등은 경우에 따라서 그 후폭풍이 강하므로 애당초 사용하지 않는 것을 원칙으로 합니다.

[포스트 쓰기] ❶ 제목을 적는 란 ❷ 기본 글쓰기 편집 툴 ❸ 글과 사진을 올리는 공간이다.

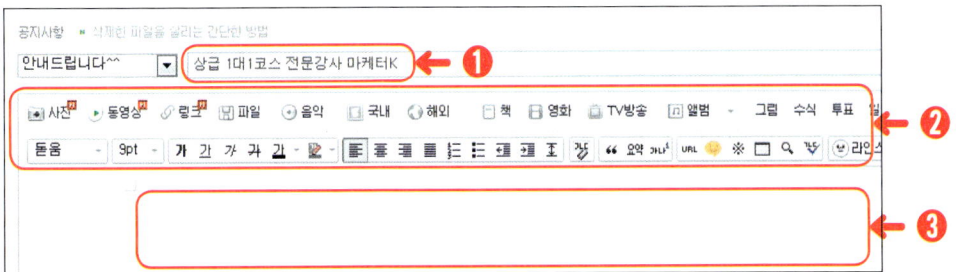

Lesson 12 상단메뉴 설정하기

[상단메뉴 설정] 먼저 작성해놓은 카테고리들 중 몇몇 개를 상단 메뉴로 선정할 수 있다.

블로그의 상단에 보기 좋게 나타낼 메뉴 역시 색깔과 모양을 정할 수가 있습니다. 이것을 상단메뉴라고 합니다. 내 블로그를 깔끔하게 구분지어 정리해주는 역할이므로 읽는 이의 눈에 잘 띄게 하는 것이 포인트입니다.

이 역시 관리 → 메뉴·글 관리 → 메뉴 관리 → 상단메뉴 설정에서 정할 수 있으며 내 카테고리들 중 방문객이 꼭 보았으면 하는 카테고리 위주로 깔끔하게 최대 4개까지 상단메뉴로 설정하여 표시할 수 있습니다.

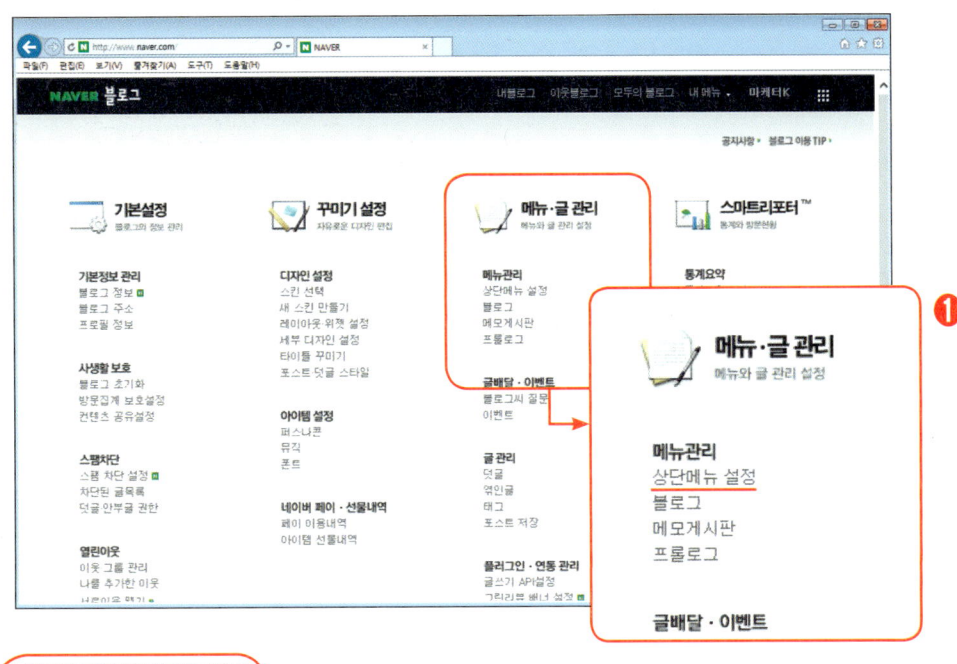

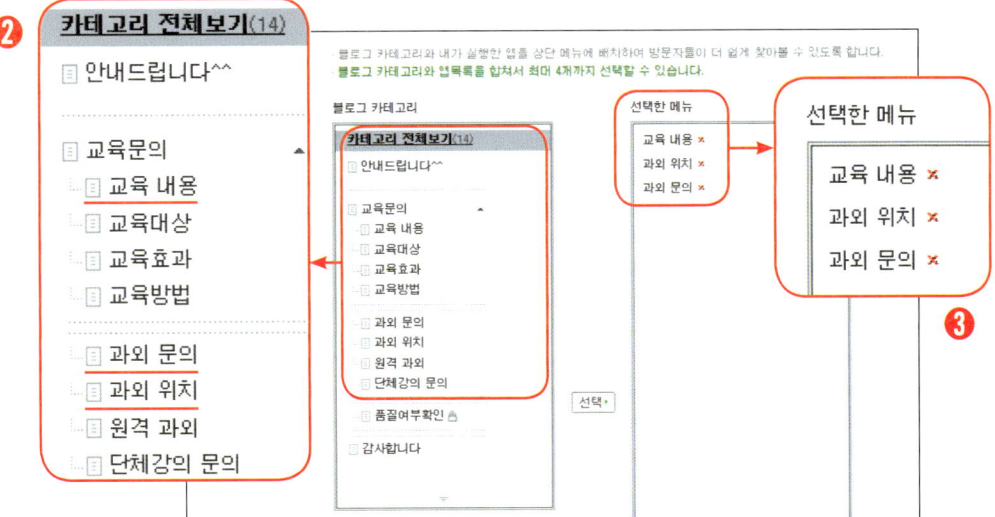

[상단메뉴 편집]
❶ 관리 → 메뉴·글 관리 → 상단메뉴 설정에서 편집할 수 있다.
❷ 좌측의 카테고리에서 상단메뉴로 설정할 것을 클릭해서 선택 버튼을 누르면 ❸처럼 설정된다.

Lesson

13 레이아웃 설정하기

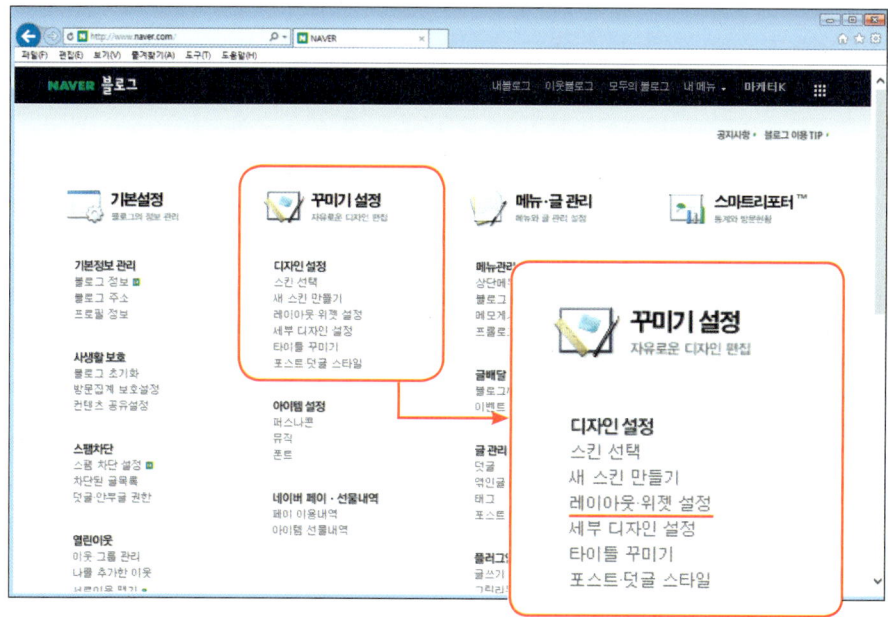

[레이아웃·위젯 설정] 관리 → 꾸미기 설정에서 가능하다.

레이아웃은 전체를 보아가며 위치를 변경, 편집할 수 있는데 쉽게 설명하여 블로그의 큰 틀을 설정하는 곳입니다. 예를 들어 카테고리를 좌측에 보이도록 할 것인지 하단에 보이게 할 것인지, 프로필을 기본 세팅할 때 설정된 좌측에 그대로 둘 것인지 우측에 보이게 할 것인지 등을 설정하는 것입니다.

위젯은 특정 정보를 메인 화면에서 바로 볼 수 있는 작은 크기의 프로그램입니다. 어제와 그제, 현재의 방문객 현황 그래프를 내 블로그 첫 페이지에 좌측이나 우측에 표시하도록 설정할 수도 있고 이번 달 달력을 표시할 수도 있습니다. 또한 배너를 넣을 수도 있고 사업자 정보도 원한다면 넣을 수 있으며 시계를 넣을 수도 있습니다.

[레이아웃·위젯 설정] 포스트 영역 크기와 스타일을 조정할 수 있다.
❶ [레이아웃 설정] 블로그의 거의 모든 세부 사항을 설정할 수 있다.
❷ [위젯 사용 설정] 어떤 위젯을 메인에 꺼내놓을 것인지 설정할 수 있다. 방문자그래프나 카운터 같은 위젯은 방문객의 숫자나 추이를 실시간으로 볼 수 있어 유용하다.

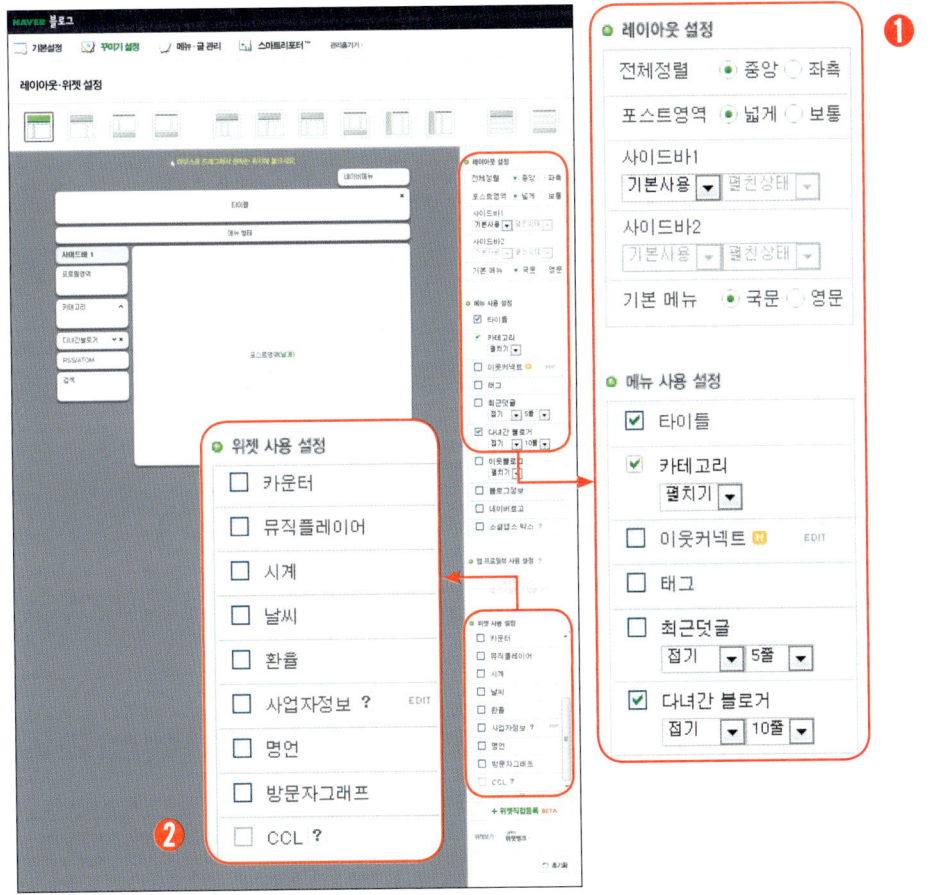

Lesson 14 서명 넣기

서명을 미리 만들어두면 사진을 첨부할 때 적용시킬 수 있습니다. 이는 다른 이들이 내 사진을 도용하는 것을 막고 내 이름, 회사명을 내 글을 읽는 이들에게 간접 어필할 수 있는 방법입니다. 어찌 보면 내 사진의 저작권을 표기하는 것이기에 남이 내 사진을 불펌하지 말라는 뜻이기도 합니다.

> 불펌: 인터넷상에서, 허락을 받지 않고 불법으로 다른 사람의 글이나 자료를 그대로 가져가서 사용하는 일

포스트 작성 시 <u>사진 올리기</u>에서 <u>편집</u>을 들어간 후 미리 준비해둔 나의 <u>이미지 형식의 서명</u>을 올릴 수도 있고 간단히 <u>텍스트</u>로 작업하여 올릴 수도 있습니다. 혹은 나만의 명함을 만들고 싶다면 포토스케이프 등 사진 편집 프로그램을 이용하여 미리 이미지를 만들어두고 포스팅을 작성할 때 사진을 첨부하는 형식으로 하여 어필할 수도 있습니다. 부동산이나 업체를 알리거나 혹은 자신을 브랜드화하기 위하여 사용하는 블로거들이 점점 늘고 있습니다. 명함은 내 글을 읽는 이에게 나를 어필할 수 있는 포인트입니다.

매번 포스트에 올려도 상관없으며 안 올리셔도 무방합니다. 필수적으로 서명이나 명함을 써야 하는 것은 아니고 그저 선택사항입니다. 또한 노출과는 전혀 상관없기 때문에 깊게 고민하실 필요는 없습니다.

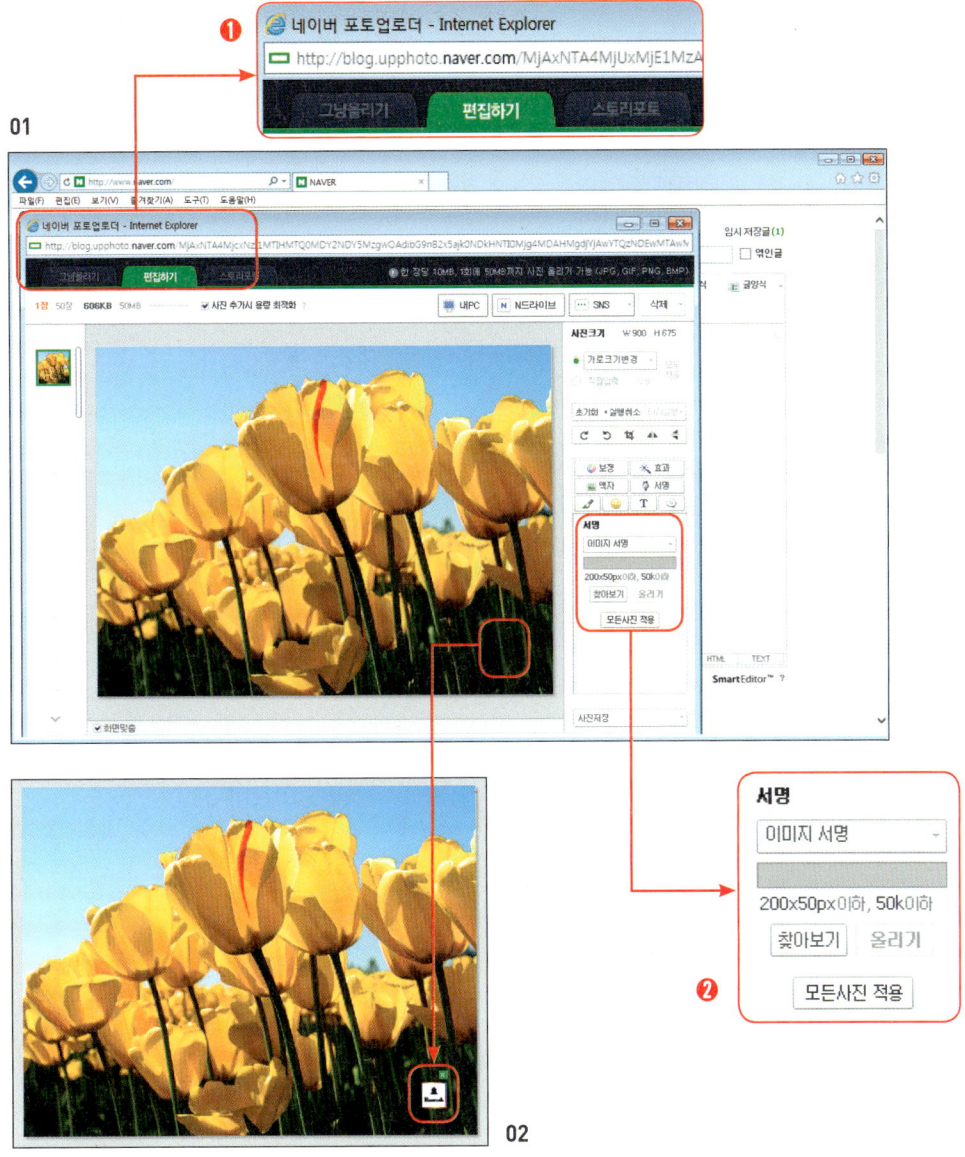

01 [서명 넣기]
　❶ 포스트 작성 시 사진을 업로드하는 곳에서 편집하기를 누른다.
　❷ 미리 만들어놓은 이미지 파일을 선택하여 올리면 이미지 서명이 사진에 삽입된다. 만일 이미지가 없을 경우 텍스트 서명을 선택하면 본인 블로그 주소가 자동으로 입력된다.
02 [서명을 넣은 이미지] 이미지 서명이 삽입된 사진이다.

Lesson 15 이웃과 소통하기

이웃과의 소통은 블로깅의 꽃입니다. SNS에서도 '댓글'과 '좋아요'가 플러스 요인이듯 블로그도 마찬가지입니다. 많은 분들과 소통하며 안부와 읽은 소감도 적다 보면 자연스레 새로운 정보도 얻고 나의 블로그 품질도 UP시킬 수 있습니다.

많으면 많을수록 좋다기보다는 적절한 수의 이웃들과 꾸준하고 다양하게 교류하는 것이 좋습니다. 엔진의 변화 후 댓글·공감의 지수 반영이 예전보다는 상당히 덜하지만 그래도 꼭 필요한 요소 중 하나입니다.

극단적인 예로 1000명과 이웃을 맺고 그중 10명과 소통하느니 100명과 이웃을 맺고 그중 10명과 소통하는 게 더 도움이 됩니다. 물론 더 많이 소통하면 더 좋겠죠?

이웃 신청은 매우 간단합니다. 다른 블로그에 들어가 프로필 쪽의 <u>이웃추가</u> 버튼을 눌러 일반이웃 혹은 서로이웃을 맺을 수 있습니다. 일반이웃은 내가 맺으면 무조건적으로 맺어지는 관계입니다. 서로이웃은 상대방이 나를 승낙해줘야 비로소 맺어지는 관계입니다. 상대방이 보류하거나 거절하면 서로이웃이 되지 않습니다.

내가 혹은 상대방이 글을 쓸 때 서로이웃만 볼 수 있게 작성한다면 일반이웃은 볼 수 있는 권한이 없습니다.

[이웃 추가] 다른 블로그에 들어가 이웃 추가 버튼을 눌러 일반이웃 혹은 서로이웃을 신청할 수 있다.

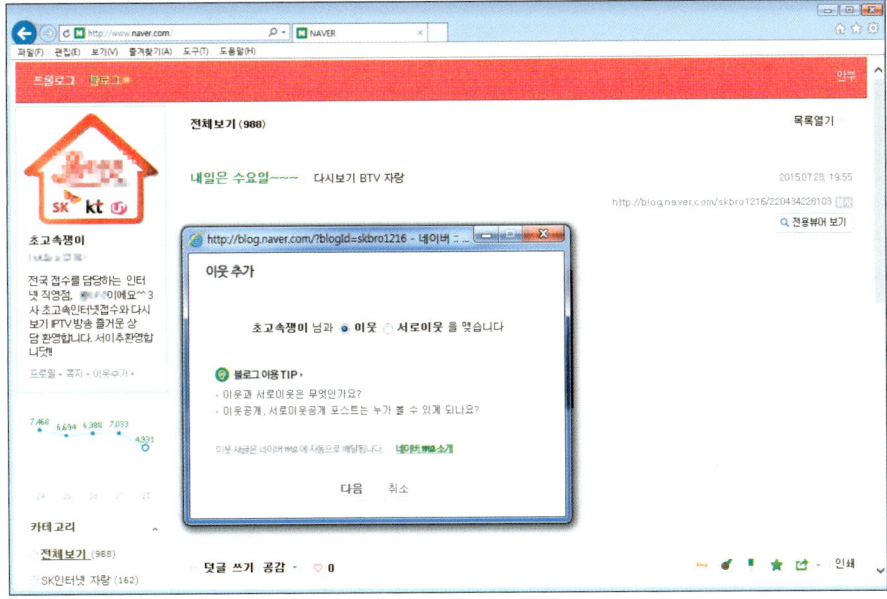

[이웃 신청] 일반과 서로이웃 중 편한 대로 골라 신청할 수 있다.

[서로이웃 맺기]
서로이웃 맺기 우측에 표기된 숫자가 내게 서로이웃 신청이 들어온 사람의 수이다.

관리 → 이웃 그룹 관리에서 확인 가능하며 서로이웃 맺기를 클릭하면 나에게 서로이웃을 요청한 사람들의 메시지가 뜨고 수락 혹은 거절할 수 있습니다. 차후에 원활한 이웃 소통을 위하여 웬만하면 수락하는 게 도움이 됩니다.

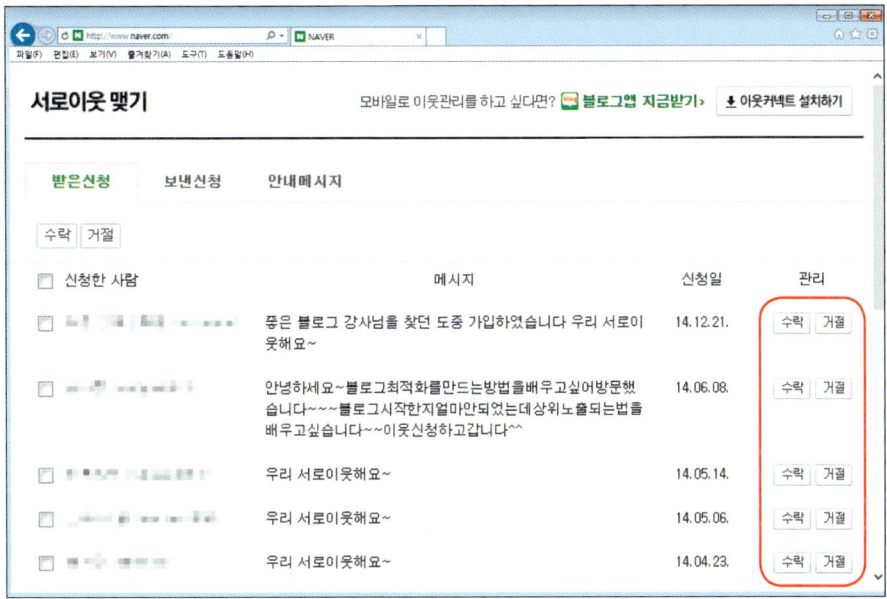

[서로이웃 신청] 관리 → 기본 설정 → 열린이웃에서 관리한다. 서로이웃 신청이 온 것을 수락 혹은 거절할 수 있다.

여기서 한 가지 루머 해결!!

수강생분들이 자주 물어보는 질문 중에 하나가 저품질에 걸린 블로그나 홍보성 및 사업성을 지닌 블로거가 내게 이웃을 맺거나 서로이웃을 신청하는 경우 이를 거절하거나 이웃을 끊거나 혹은 신고를 해야 하나?인데요. 사실상 그들이 저품질 걸리는 것과 홍보성이나 사업성이 있는 것은 우리 본인과는 전혀 상관없습니다. 저품질에 걸린 다른 블로그가 내게 댓글이나 공감을 달아도 영향이 없다는 뜻입니다.

게다가 간혹 한 개의 IP 주소로 여러 개의 블로그를 사용하는 유저가 내게 이웃을 맺고 댓글·공감을 달았다고 내가 저품질에 걸리는 것은 아닙니다. 내가 저품질에 걸렸다면 그것은 다른 이유지 타인의 잘못이 아닙니다. 몇 달 전 이웃들끼리 이러한 이유로 실제 고발을 한 경우가 있어 온라인상에서 가만히 지켜보던 저는 꽤나 당황스러웠는데요. 내가 저품질에 걸렸다면 내 탓이지 남의 탓이 아닙니다. 실질적으로 남이 나에게 악영향을 주는 경우는 거의 없다고 보셔도 된답니다. 자신의 저품질에 대해 타인 탓을 하면 안 됩니다.

Lesson 16 스팸 차단 설정하기

[스팸 차단]
ID 자체를 차단할 수도, IP를 차단할 수도 있어 반기지 않는 이웃이나 방문객을 미리 방지할 수 있다.

너무 심한 광고성 블로거나 혹은 스팸 댓글, 이유 없는 스크랩을 남기는 블로거를 차단할 수 있는 기능입니다. 요즘 들어 스팸성 블로그가 늘고 있기 때문에 피곤하면 고민하지 말고 상대방이 내 블로그에 무단 댓글을 달 수 없도록 ID를 차단하시기 바랍니다.

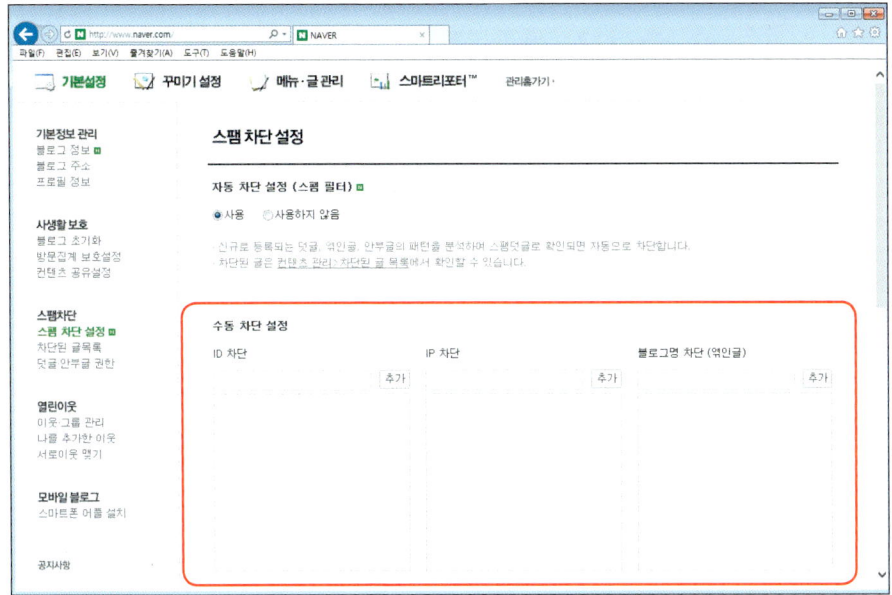

[스팸 차단 설정]
ID를 차단하는 방법과 IP를 차단하는 방법, 그리고 블로그명으로 차단하는 방법이 있다.

Lesson 17 맞춤법 검사하기

매일 글을 쓰다 보면 맞춤법 실수를 할 수 있습니다. 포스트를 다 작성한 후 확인을 눌러 올리기 전에 마지막으로 해야 하는 작업 중에 하나가 맞춤법 검사입니다. 글의 신뢰도와 가독성을 높이기 위해 습관을 들여 매번 하시기 권해드립니다.

맞춤법 교정기능을 사용하면 포스팅이 노출이 잘 안 된다는 말이 있는데 100% 루머입니다. 신경 쓰지 않으셔도 됩니다.

[맞춤법 검사] 글쓰기 화면 상단의 기본 툴 중 우측의 표시를 눌러 맞춤법을 체킹할 수 있다.

Lesson 18 파워링크로 광고효과 극대화시키기

파워링크 '블로그강사' 관련 광고입니다. ⓘ

그리도 유명한 마케터K 강사 www.marketer-k.com/
1대1 A급퀄리티 블로그 키우기코스.수강생들의 완성도가 강사의 퀄리티를 말합니다

[파워링크 섹션] 네이버 검색결과에서 파워링크는 상단에 위치하고 있으며 클릭 횟수에 따른 돈을 검색엔진에 지불하는 시스템이다.

네이버 검색광고 파워링크에 대해 알아보겠습니다. 모바일이나 PC에서 검색할 때 상단에 노출되는 업체들이 바로 파워링크에 등록된 업체들입니다. 파워링크를 할까 말까 고민하는 이유는 딱 하나입니다: 돈이 든다는 것이죠. 파워링크에 등록하면 사람들이 클릭할 때마다 비용이 듭니다.

전에 우리가 많이 사용하던 티머니 교통카드처럼 미리 돈을 충전해놓으면 클릭될 때마다 돈이 소진되며, 모두 소진되면 올라와 있던 광고검색에서 내 사이트가 일시적으로 내려갑니다.

다시 돈을 충전하면 광고가 재개됩니다. 누구나 다 맨 위에 검색되기를 원하기 때문에 키워드마다 업체들이 경매식으로 1등, 2등, 3등 값을 올리게 되고, 인기가 좋은 키워드일수록 클릭당 비용은 점점 비싸집니다. 누군가의 클릭 한 번에 1만원 이상

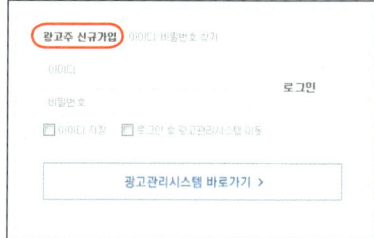

[파워링크 ID 가입하기]
매우 쉽게 만들 수 있고 사업자가 따로 없어도 ID 생성이 가능해 만들어두는 것이 좋다.

[파워링크 네이버 검색광고] 검색창에 파워링크 혹은 네이버 검색광고를 찾으면 해당 사이트가 나온다.

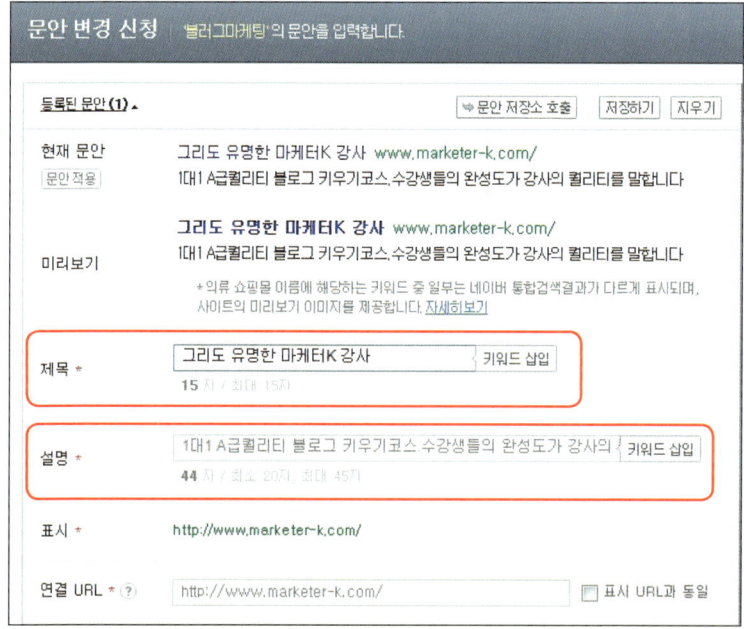

[문안 등록] 문안 등록은 자유롭지만 문장의 길이와 몇몇 단어에 제재가 있다. 바로 적용되지는 않고 검수를 통해 통과 혹은 반려가 된다.

의 비용이 청구되는 경우도 다반사입니다.

비용은 들지만 사람들의 신용을 얻고 홍보를 하기에는 굉장히 좋은 수단입니다. 블로그와 함께 홈페이지를 만들어 파워링크에 등록하는 것도 마케팅 개선에 상당한 도움이 될 것입니다.

우선 네이버 검색광고에 회원가입을 한 후 나의 홈페이지 혹은 블로그를 검수 요청하여야 합니다. 사업자의 경우 사업자 등록증 및 업종, 종목별로 추가 서류가 있을 수 있으며 검수에 통과되면 내가 원하는 키워드광고를 올릴 수 있고, 보류되면 사유를 물어봐 다시 검수를 요청해야 합니다. 수일이 걸리는 작업이지만 생각보다 빠르게 처리해주기 때문에 급한 분들도 간단히 요청해볼 수 있습니다.

자신의 사이트가 검수 통과가 되면 자신이 원하는 키워드들의 제목과 소개 문안을 적어 다시 검수를 요청해야 합니다. 보류될 경우 사유까지 친절하게 알려주니 이 역시 빠른 수정 및 처리가 가능합니다.

[통과 완료]
검수에 통과되면 키워드광고를 올릴 수 있고 보류되면 사유를 물어봐 다시 검수 요청을 한다.

블로그1위	통과	일시중지 ▾ 잔액부족	15개	▋▋▋▋	노출 없음	노출 없음	870원
블로그강사	통과	일시중지 ▾ 잔액부족	15개	▋▋▋▋	노출 없음	노출 없음	230원
블로그강의	통과	일시중지 ▾ 잔액부족	15개	▋▋▋▋	노출 없음	노출 없음	1140원
블로그강좌	통과	일시중지 ▾ 잔액부족	15개	▋▋▋▋	노출 없음	노출 없음	1120원
블로그검색노출	통과	일시중지 ▾ 잔액부족	15개	▋▋▋▋	노출 없음	노출 없음	1230원

Lesson 19 사진 편집하기

블로거들이 많이 사용하는 대표적인 사진 프로그램은 포토스케이프입니다. 우선 무료라는 점이 매력적이고 사용법이 상당히 쉽고 한글화가 잘 되어 있어서 누구나 편히 다룰 수 있습니다. 파일명 수정, 잘라내기, 사진 분할, 색상 검출 등도 가능하고 이어붙이기 같은 기능들도 쉽게 사용 가능합니다.

검색엔진에서 포토스케이프를 검색하여 무료로 다운받을 수 있으며 평가도 상당히 좋은 편입니다. 블로그를 운영하는 데 있어 이 정도의 사진 편집 기능이면 충분히 훌륭한 사진을 올릴 수 있고, 또 굳이 사용 하지 않으셔도 운영 자체에는 전혀 지장을 주지 않습니다.

더 예쁘고 다양하게 사진을 편집하기 위한 고급 편집기능의 필요성이 느껴진다면 그때 포토샵 같은 전문 프로그램을 사용해도 무방합니다.

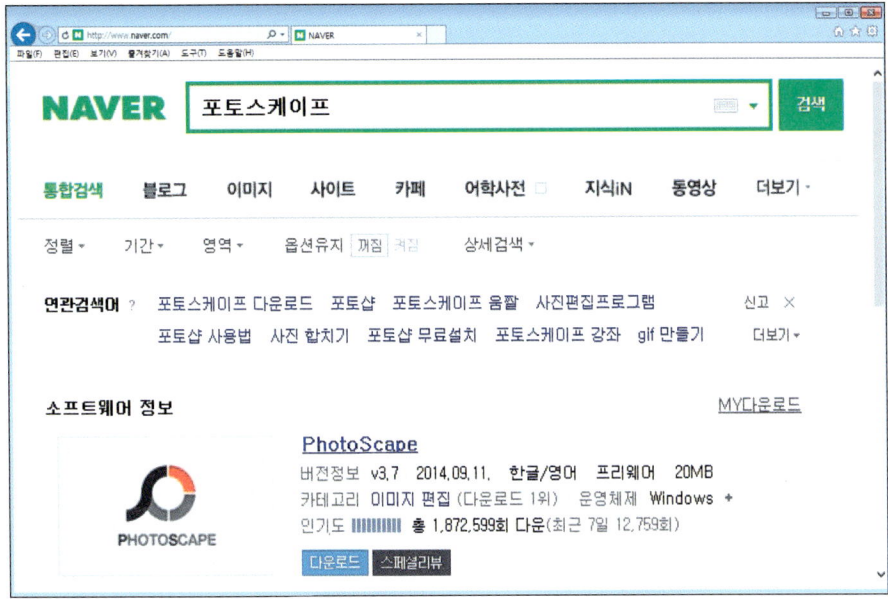
[포토스케이프] 블로거들이 가장 많이 사용하는 사진 편집 프로그램은 포토샵이 아닌 포토스케이프이다.

[포토스케이프 다운로드] 검색엔진에서 포토스케이프를 검색하여 무료로 다운로드한다.

01 [포토스케이프 메인화면]
용량도 무겁지 않고 무료로 받을 수 있다. 프로그램을 실행하면 다양한 메뉴를 볼 수 있다.

02 [페이지 기능]
포토스케이프는 다양한 기능을 갖췄기 때문에 블로킹하는 데 부족함이 없다. 페이지 기능을 사용하면 별도의 편집 없이도 여러 장의 사진을 다양한 형태로 붙일 수 있다.

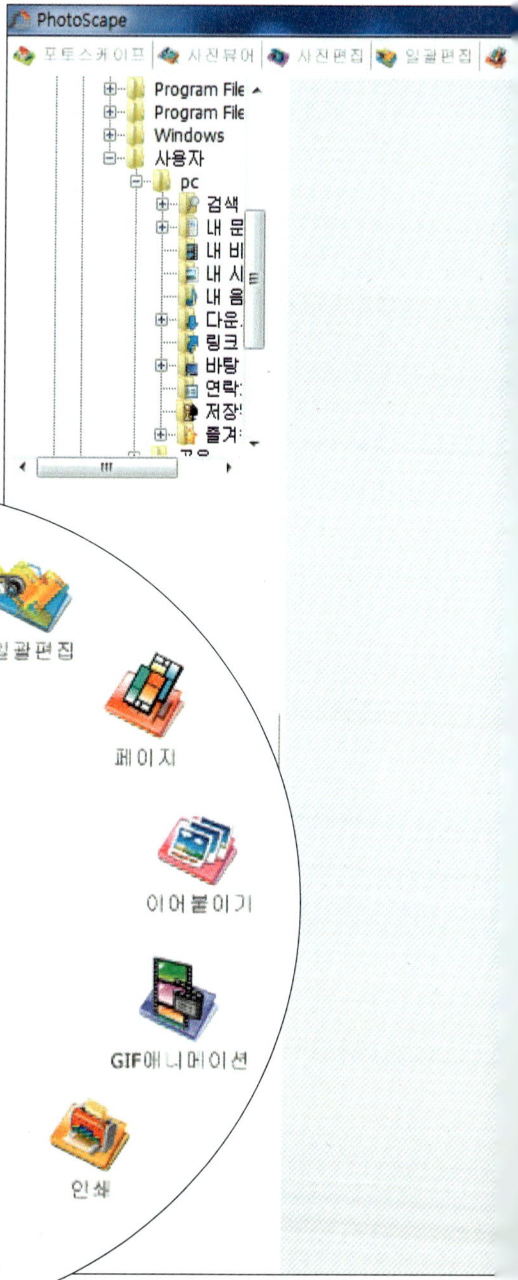

01

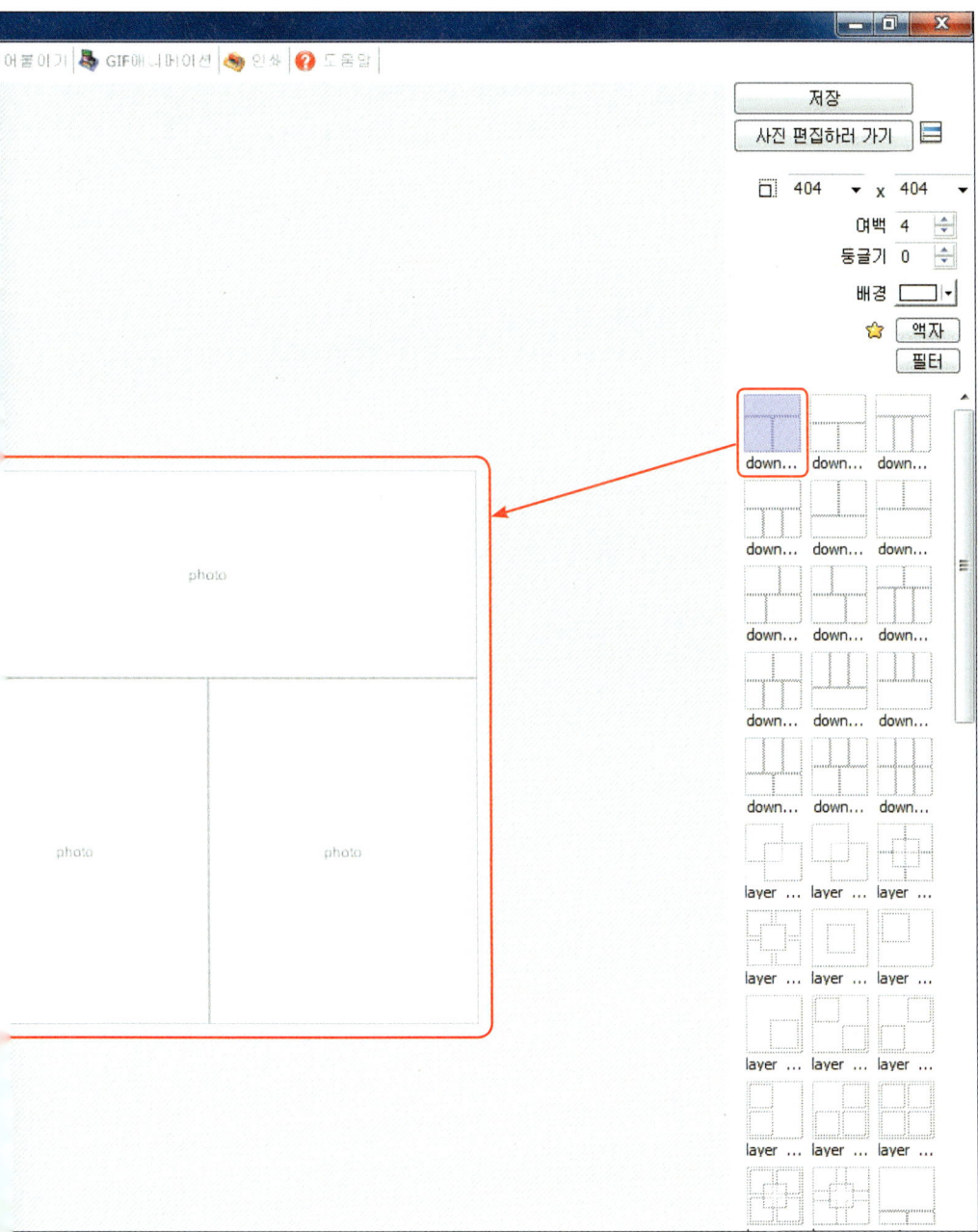

02

Lesson 20 다음 블로그 개설하기

다음 블로그의 장점은 다음에서 검색 시 네이버보다는 다음과 티스토리의 블로그가 어느 정도 더 노출이 잘 되는 경향이 있다는 것입니다. 아직까지 다음을 애용하는 유저들이 적지 않으므로 다음에서의 노출에 더 집중하고 싶다면 다음 블로그가 하나의 방법이 될 수 있습니다.

카테고리와 프로필, 생김새 그리고 edit 버튼도 비슷하므로 다음 블로그를 한 번도 운영하지 않았어도 쉽게 적응할 수 있습니다.

[다음 블로그 개설]
www.daum.net에서 간단한 절차로 회원가입 후 로그인을 하면 내 블로그로 갈 수 있다.

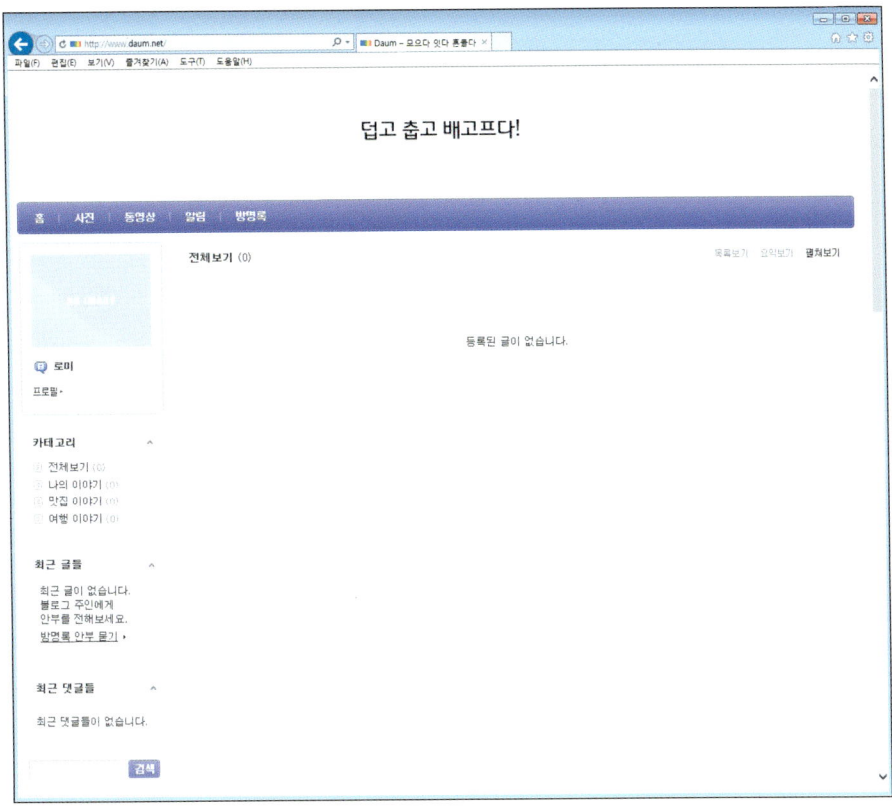

[다음 블로그] 다음 블로그 포맷은 네이버와 크게 다르지 않다.

Lesson 21 RSS 등록하기

네이버 블로그를 개설하고 네이버에 내 글을 검색할 수 있게끔 설정하는 것은 상당히 쉽습니다. 포스트를 작성하고 확인버튼을 누르는 곳 위에 보면 네이버 검색 허용이라는 곳에 체크하기만 하면 됩니다. 물론 경쟁률이 높은 검색 키워드에서 내가 얼마나 높은 순위에 올라가는지는 자신의 블로그 품질과 운영 노하우를 간직하여 최적화를 시킨 정도에 달려 있습니다.

[포스트 공개 설정]
지금 작성하고 있는 포스팅의 공개 설정을 하는 곳으로 포스팅 작성 시 하단에 위치해 있다. 외부수집 허용과 외부 보내기 허용에 체크를 해주는 것이 포인트이다.

하지만 네이버 블로그의 작성 글을 다음에 보내는 것은 설정을 따로 해주어야 하며, 위의 설정보다는 조금 더 번거롭습니다. 다음에서 RSS를 검색 후 좌측에 블로그를 클릭해보면 우측면의 블로그 RSS 등록이 나오는데 이것을 클릭합니다.

클릭 시 Daum 검색등록이 나오는데 이곳에서 블로그 RSS 등록을 체크하고, 블로그 URL(내 네이버 블로그 주소창의 주소)과 함께 블로그 RSS URL을 적습니다. 자세히 보면 XML로 된 RSS 주소를 적으라고 나와 있습니다.

XML주소를 얻기 위해 내 블로그에 들어가보면 좌측 중단 혹은 카테고리란 아래쪽에 보면 RSS 2.0 | RSS 1.0 | ATOM 0.3 칸이 있습니다. 여기서 맨 왼쪽의 RSS 2.0을 누릅니다. 그러면 새로운 창이 뜨면서 XML이 적혀 있는 주소가 주소창에 나옵니다. 이것을 그대로 복사(Control + C)하여 아까의 다음 블로그 RSS URL란에 붙여넣으면 (Control + V) 됩니다.

위에서 잠시 이야기하였지만 다음에서는 다음과 티스토리 블로그가 좀 더 원활하게 노출되고, 네이버에서는 네이버 블로그가 더 빠르고 손쉽게 노출됩니다. 현재 네이버의 검색률이 월등하므로 네이버 블로그를 개설하는 것을 추천하며, 블로그 개설과 동시에 위의 **RSS 검색등록과 디자인 꾸미기, 카테고리 수정·정리, 프로필 편집, 내 정보에서 내 프로필 이미지 올리기** 등 여러 가지 설정들을 하루 날 잡아 한 번에 해버리는 것이 앞으로 운영할 때 훨씬 편리합니다.

http://www.daum.net/
Daum - 모으다 잇다 흔들다
RSS
상세검색
통합검색
백과사전
사이트
블로그
블로그글
RSS 피드 제공 여부를 자동으로 감지하는 사파리 확장...
블로그 활성화 RSS 등록 / 구글 빙 네이버 다음 네이트...
미려한 디자인과 친숙한 사용성이 돋보이는 RSS 리더...
실시간 이슈 검색어
블로그 RSS 등록

01

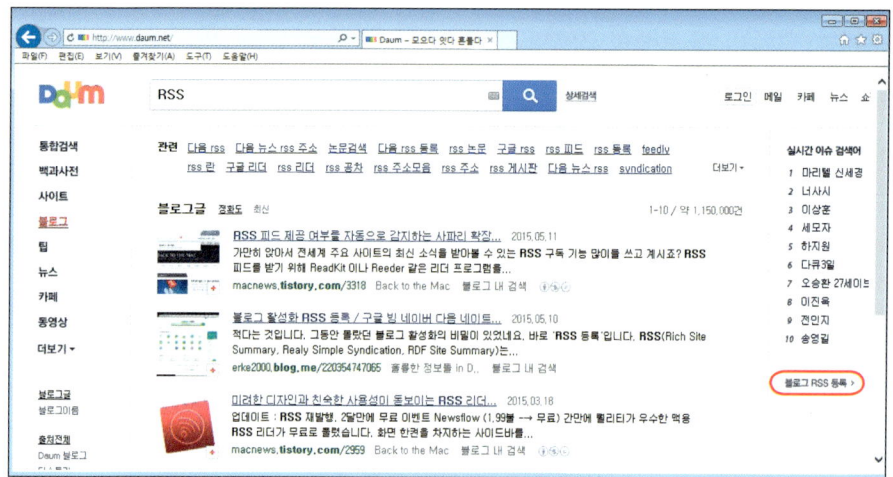

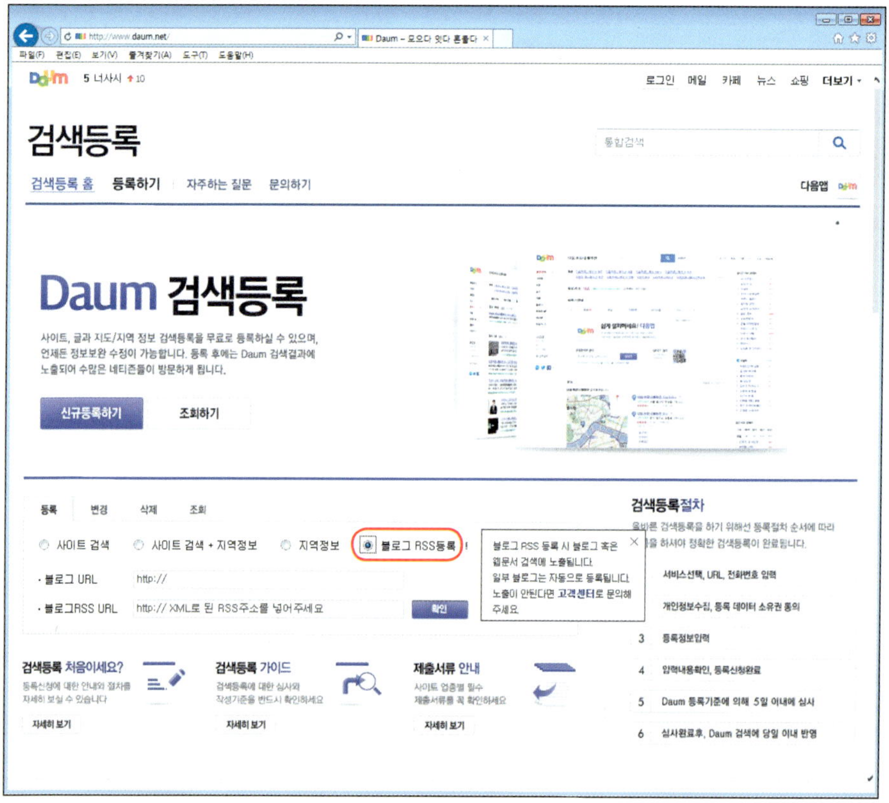
검색등록
검색등록 홈
등록하기
자주하는 질문
문의하기
Daum 검색등록
사이트, 글과 지도/지역 정보 검색등록을 무료로 등록하실 수 있으며,
언제든 정보보완 수정이 가능합니다. 등록 후에는 Daum 검색결과에
노출되어 수많은 네티즌들이 방문하게 됩니다.
신규등록하기
조회하기
사이트 검색
사이트 검색 + 지역정보
지역정보
블로그 RSS등록
블로그 URL
블로그RSS URL
확인
검색등록절차

02

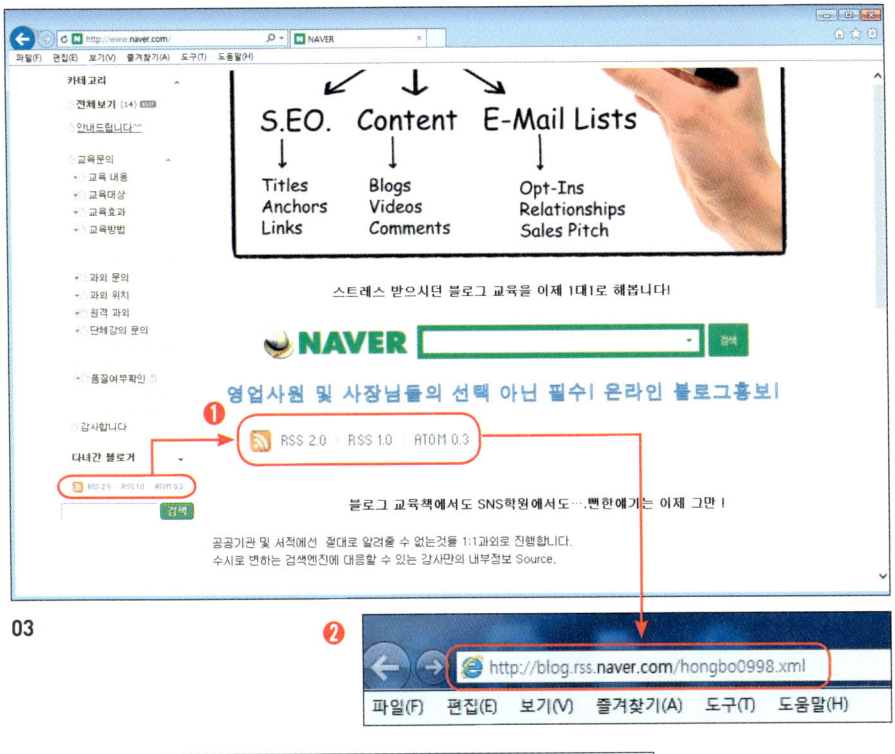

03

01 [블로그 RSS 등록] 다음에서 RSS를 검색하여 우측의 블로그 RSS 등록을 클릭한다.
02 [URL과 RSS URL 넣기]
    Daum 검색 등록에서 블로그 RSS 등록을 선택하고 URL과 RSS URL을 넣는다.
03 [RSS 주소 알아내기] 내 네이버 블로그에서 ❶ RSS 2.0을 클릭하면 ❷와 같이 끝자리가 .XML로 적혀 있는 주소가 나온다. 이것이 내 블로그의 RSS URL주소이다.
04 [프로필 사진 변경] 네이버에 로그인 후 내 정보에서 내 프로필 사진을 바꿀 수 있다. 이는 블로그 안에서의 프로필 사진과는 별개의 사진이다.

스페셜 팁-블로그 시작하기 전, 이것만은 기억해두세요

1. 블로그 콘셉트부터 확실히 잡고 들어가자

내가 홍보하고 싶은 물건, 매장, 상품 등을 블로그로 홍보했을 때 과연 수요가 얼마나 늘어날 것인가에 대해서 미리 한 번 생각해봐야 합니다. 물론 무료이기 때문에 어느 업종이든지 안 하는 것보다는 도움이 되겠지만, 경험상 전국구로 판매할 수 있는 분야가 가장 활발하게 매출이 상승됩니다.

예를 들어 택배 서비스와 기사 출장 설치를 동원하여 전국에 정수기를 배송, 설치, 판매하는 분이 블로그를 통해 홍보하는 것과 서울 어느 동네의 눈에 띄지 않는 위치에 있는 레스토랑을 운영하는 분이 블로그로 홍보하는 것은 걸려오는 전화 문의 수와 매출에서 큰 차이가 있다는 것입니다.

내 업종과 판매 효과를 파악함과 동시에 지금부터 시작할 블로그의 콘셉트를 초반부터 잡고 들어가야 합니다. 사업자일 경우 통신판매가 이루어지므로 사업자를 등록해서 블로그를 운영하는 것이 원칙입니다. 그러나 판매가 직접적으로 온라인을 통해 이루어지지 않는 경우, 주로 일반 블로거로 운영을 하며 간혹 광고 포스팅을 하는데 이때는 별도의 사업자 등록이 필요 없습니다. 저는 사업자 등록을 하고 운영하는 걸 추천합니다.

사업자 블로그 혹은 일반인 블로그 이 두 가지 콘셉트 중 어느 것을 선택해도 어차피 광고가 들어가게 되고 반대로 광고성이 없는 일반 글 역시 들어가야 합니다. 즉 성형외과 블로그를 운영하더라도 일반 건강상식이나 몸에 좋은 음식, 맛집 일상 등을 적으면서 운영해야지, 사업자 등록을 완료하였다 하여 블로그 안의 모든 글을 광고글로 채우면 충분히 저품질에 걸릴 사유가 됩니다.

실제로 이렇게 걸리는 분들도 주위에 상당히 많습니다. 하지만 반대로 사업자 등록을 하지 않고 일반 블로거로 운영하며 간간히 광고성 글을 적는다 하여 무조건적으로 저품질에 걸리지 않는 것도 아니지요. 이렇게 복잡한 저품질은 이후에 나올 챕터에서 알아보겠습니다.

2. 블로그에 사업자 등록을 하는 법

이미 사업자와 통신 판매업에 이미 등록되어 있다면 등록은 간단합니다. 프로필을 보면 포스트 쓰기 우측에 관리라는 곳이 있습니다. 들어가면 꾸미기 설정란에 밑으로 레이아웃 위젯 설정이 있습니다. 이곳은 내 블로그의 잡다한 기능들과 위치를 변경할 수 있는 곳이랍니다. 우측의 위젯 사용 설정에서 사업자정보에 체크를 해놓으면 ❶과 같은 팝업이 뜹니다. 동의를 클릭하면 ❷와 같은 설정을 할 수 있습니다. 설정 후엔 원하는 위치에 사업자 정보를 표기할 수 있습니다.

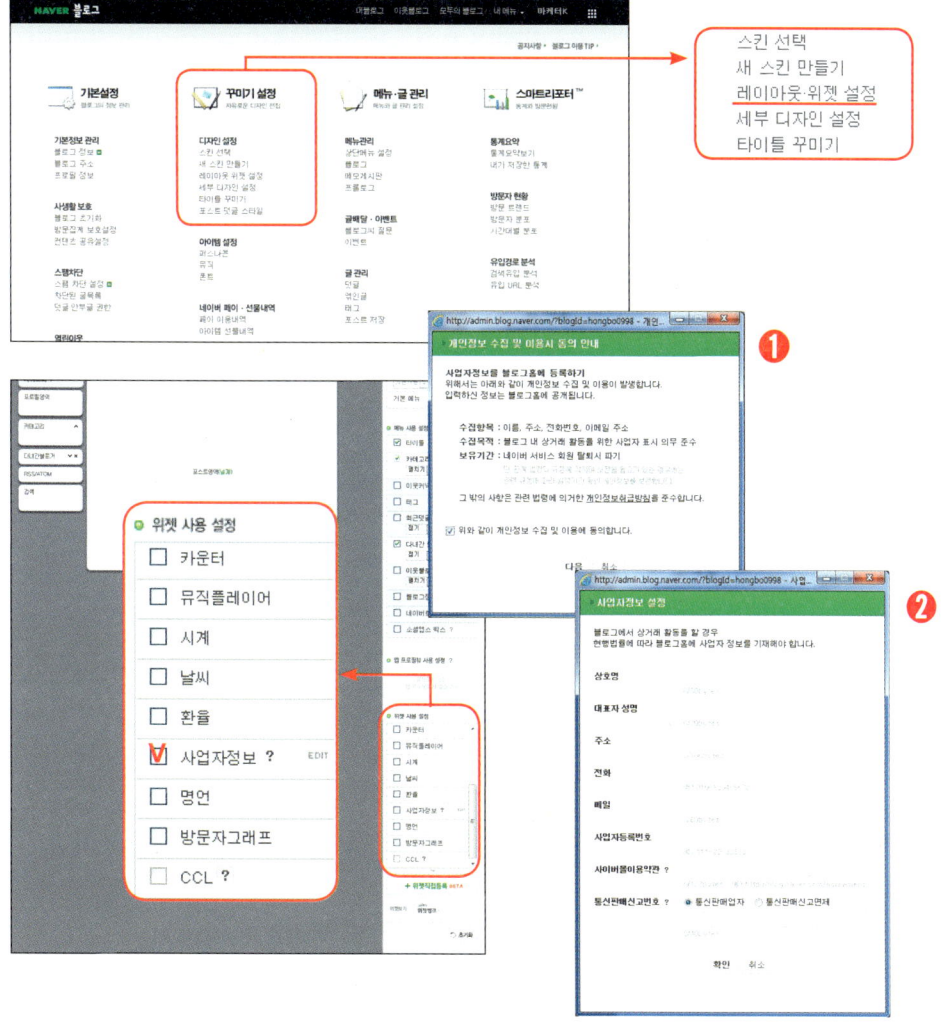

3. 블로그의 세부 목표 세우기

블로그 마케팅을 하는 분들의 최종 목표는 내 블로그 지수(품질)가 올라가 일상글 혹은 광고글 작성 시 상위노출이 되는 것입니다. 블로그는 결코 방문자수가 전부가 아닙니다. 또 블로그 운영 기간이 얼마나 되었는지 혹은 언제 개설되었는지 등은 여러 가지 요소들 중 하나일 뿐 한 가지에 치우쳐 최적화가 완성되는 것도 아닙니다.

또 요즘엔 최적화가 되어도 빠르게 저품질에 걸리는 경향이 있어 많은 분들이 난관에 빠지는데 이럴 때일수록 모든 요소들을 골고루 신경 써주어 운영을 잘해야 합니다. 우선 매일 컴퓨터 앞에서 오늘은 어떤 글을 쓸까 고민하다 결국 아무거나 써야겠다고 결정하는 것은 큰 시간 낭비이며 내 블로그에도 도움이 되지 않습니다.

1) 어떤 글들을 작성할지 리스트를 만들어본다

기본적으로 매일매일 포스팅이 이루어져야 합니다. 매일매일 하다 보면 글의 주제가 빨리 고갈된다는 말씀을 많이 하시는데요. 관심 있는 분야, 취미에만 포스팅을 집중하기보다는 내가 잘 모르는 주제더라도 관심을 갖고 지식을 얻어 새로운 글을 작성하는 습관을 들여야 합니다. 한 가지 팁으로, 제일 편하게 새로운 글 주제를 찾는 방법은 이미 내 관심사인 취미에서 뻗어 나온 소재를 미리 적어놓아 나중에 조사하고 지식을 습득하여 작성하는 것입니다. 마인드맵을 떠올리면 쉽습니다. 예를 들어보겠습니다.

◆ 자신의 취미: 등산, 음악 감상, 미드 감상, 맛집 탐방 등
◆ 파생 주제
   ① 등산: 나무 → 꽃 → 단풍 → 산
   ② 음악 감상: 악기 → 가수 → 이어폰과 헤드폰 → 스테레오 음향기기
   ③ 미드 감상: 모니터와 TV 등 디스플레이 매체 → 배우 → 영어 공부
   ④ 맛집 탐방: 다른 핫플레이스 → 다른 나라 음식 → DSLR → 음식 칼로리 → 칼로리 소모를 위한 운동

2) 포스팅 개수를 정한다

포스팅을 하루에 1개씩 할지 혹은 2개씩 할지 정해야 하며, 주 6일로 할지 주말엔 쉬고 주 5일로 할지 그리고 출근 전에 할지 아니면 퇴근하고 할지 등등의 세부적인 계획을 세워야 합니다. 이런 계획 없이 무턱대고 진행하다 보면 밀리는 날도 많이 생기고 귀찮아지게 되고 게을리하다 보면 블로그의 품질이 안 좋아지는 현상이 발생되기도 합니다.

내 블로깅 스케줄을 계획하려면 평균 포스팅 시간이 글 한 개당 얼마나 걸리는지, 하루 중 가장 바쁘지 않은 시간이 시간이 언제인지 등을 파악해야겠죠. 퇴근 후 하는 것은 많은 수강생분들이 시도하셨지만, 많이들 그만두시더군요. 아무래도 일이 끝나고 직장 동료와 맥주 한잔을 한다든지 약속이 생기기 쉽고 일이 너무 바빠 몸이 노곤하여 블로깅을 미루게 되는 경우가 많아 그렇다고 봅니다.

3) 1일 방문자수를 정한다

방문객은 많으면 많을수록 좋다고 하지만 너무 많으면 관리하는 데 어렵고 귀찮아집니다. 적절한 1일 방문자수는 3,000명 정도가 좋습니다. 이 수치는 블로그를 아직 해보지 않은 분들에게는 너무 커 보이는 일명 '넘사벽'으로 보일 수도 있겠지만 초반 베이스를 튼튼히 잘 다진다면 사람들의 유입률이 좋은 인기 키워드(핫이슈, 실시간 검색어를 말하는 것이 아닙니다)를 작성할 수 있으므로 방문객은 자연스럽게 올라갑니다. 강사로서 제 수강생들에게 1일 방문자수 목표를 이렇게 설정해드립니다.

- ◆ 첫 번째 달(30일차) 1일 방문객: 1,000명
- ◆ 두 번째 달(60일차) 1일 방문객: 3,000명

물론 광고글 포스팅으로 하루에 1,000명씩 3,000명씩 들어온다면 이보다 좋을 순 없겠지만, 이것은 작성한 내 모든 글들로 하여금 들어오는 방문자수이므로 일상 관련(취미, 관심사 등등) 글로 유입되는 수가 대부분을 차지합니다. 하지만 이로 인해 블로그가 튼튼해지고 점차 블로그 품질에도 영향을 주어서 내가 광고성 글을 작성할 때 매번 10등을 하는 게 아니라 5등을 하고 1등을 하게 되는 것입니다. 점차 품질이 좋아지는 거죠.

Part 3

고급편
저품질 대처, 노출, 최적화를 위한
고급비법 따라 하기

키워드 공략

저품질 피하기

블로그 루머 총정리

Lesson
22 확실한 타깃,
정확한 키워드를 조준해라

우리는 지금까지 블로그를 개설하고 운영할 때 필요한 기본적인 기능들에 대해 살펴봤습니다. 지금부터는 실전입니다. 내가 원하는 것은 역시 광고, 광고일 수밖에 없습니다. 광고가 우리의 주된 관심사이기 때문입니다.

광고글을 쓰기 전에 **사람들이 실제로 많이 검색하는 단어(검색어=키워드)를 먼저 찾은 후에 그것을 주제로 잡고 글을 써야 합니다.** 독자분이 홍대에서 미용실을 운영한다고 가정하여 키워드 잡기를 진행해보겠습니다.

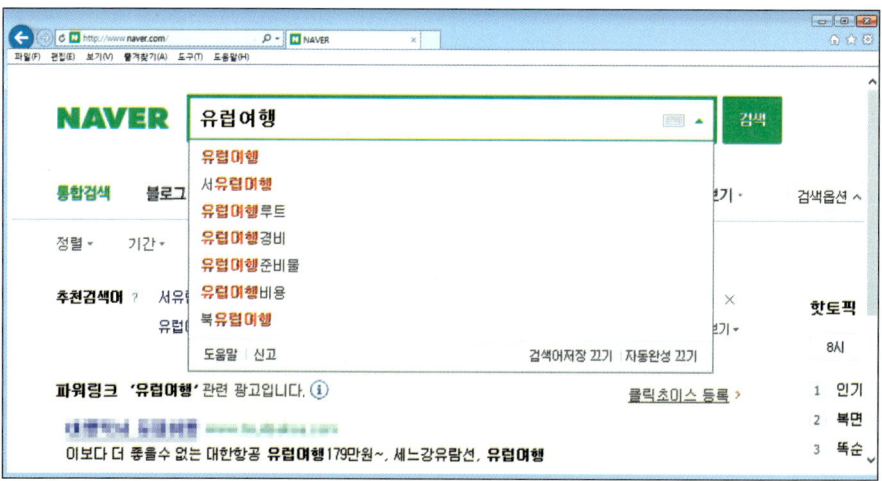

[자동완성기능] 검색창에 검색어를 입력하면 '자동완성기능'이 실행된다.

84

👑 자동완성기능 참조

검색창에 '홍대 미용실'을 적을 경우 그 밑으로 사람들이 자주 찾는 검색어들이 자동완성기능을 통해 자동으로 표시될 것입니다. 우리는 이 자동완성에 나오는 검색 키워드들 중에서 나에게 도움이 되는 것을 간추린 후, 차근차근 모두 포스팅을 할 것입니다.

한 번에 여러 검색어를 제목에 적고 본문을 작성하지 말고, 하나의 키워드당 하나의 글로 따로따로 적는 것을 추천해드립니다. 하나의 글에 여러 개의 키워드를 잡고 작성한다고 했을 때 여러 개의 검색어를 검색했을 시 모두 노출된다면야 아주 좋겠지만, 경쟁력이 센 '홍대'와 같은 키워드의 경우에는 그것은 실제로 힘들다고 보면 되겠습니다. 반대로 경쟁률이 약한 키워드나 지역의 경우 이 방법이 통하기도 합니다.

> ① 홍보: 사업이나 상품 따위를 일반인에게 널리 알리는 행위
> ② 광고: 판매를 목적으로 상품에 대한 정보를 여러 가지 매체를 통해 소비자에게 알리는 의도적인 활동
> ③ 포스팅(Posting): 블로그 등에서 어떤 기사나 사진 영상 등을 번호 혹은 이름을 붙여 게시하는 행위

👑 추천검색어, 연관검색어

추천검색어와 연관검색어도 나에게 도움이 되는 검색어들을 간추려서 하나씩 공략해가면 됩니다. 이 추천·연관검색어란에 있는 모든 검색어들이 검색율의 차이는 다소 있겠지만, 그래도 본인이 단어를 조합해서 만든 것보다는 더 정확하게 사람들이 자주 찾는 키워드의 예시를 나타냅니다. 그리고 아무래도 홍대가 지역이 넓기 때문에 몇몇 사람들

은 매장을 찾아가기 위해 지도 검색을 하기도 합니다. 그래서 사업장이 있는 경우 검색 사이트에 승인을 받고 **지도 등록**을 꼭 해놓으시길 권해드립니다.

연관검색어의 예

또한 '홍대'라고만 키워드를 추려내지 않고 '홍대입구역, 홍대역', 근처인 '상수역, 합정역, 신촌역' 또는 '연남동, 서교동' + '미용실'로도 포스팅을 해보시기 바랍니다. 거주지가 해당 지역 근처인 경우도 있겠고 혹 멀리 살아도 조만간 그 근처에 들를 계획이 있어 방문을 고려하는 고객들을 사로잡으려는 노력이 필요합니다.

그렇다면 이 수많은 키워드들 중에서 어느 것이 인기가 많고 클릭률이 높은지 알 수 있을까요? 당연히 '홍대 미용실'보다 '서교동 미용실'이 덜 포괄적이고 인기가 없는 단어이다 보니 '홍대 미용실'의 난이도가 더 높고, 경쟁률이 높으며, 인기도 많습니다. 이것을 더 정확히 알아보기 위해 네이버 검색광고를 이용해볼 수도 있습니다.

네이버 검색광고

네이버 검색광고에 ID를 개설(회원가입)하고 광고 관리시스템으로 들어간 뒤 좌측의 광고등록란을 클릭합니다. 키워드 기준과 사이트 기준 중에서 키워드 기준을 클릭하여 검색창이 뜨면 원하는 단어를 검색해봅니다. 저는 '홍대 미용실'을 검색해 보겠습니다.

네이버 검색 광고 찾는 법
① 회원가입
② 광고관리시스템 바로가기
③ 광고등록으로 이동
④ 키워드 기준으로 해당 키워드 검색
⑤ 월 평균 조회수, 모바일 조회수, 월 평균 클릭수 확인

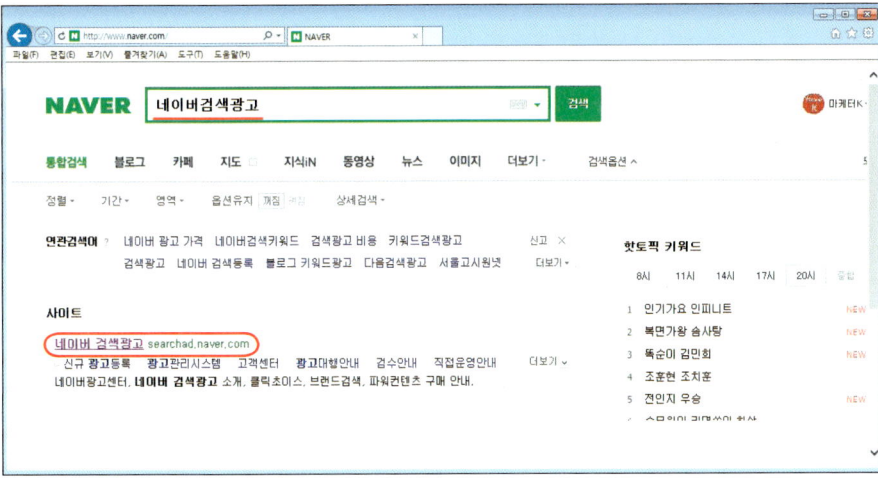

[네이버 검색광고] 네이버 검색광고를 찾는다.

[회원가입] 간단하게 회원가입을 한다.

[광고등록] 광고관리시스템 바로가기를 통해 광고등록으로 이동한다.

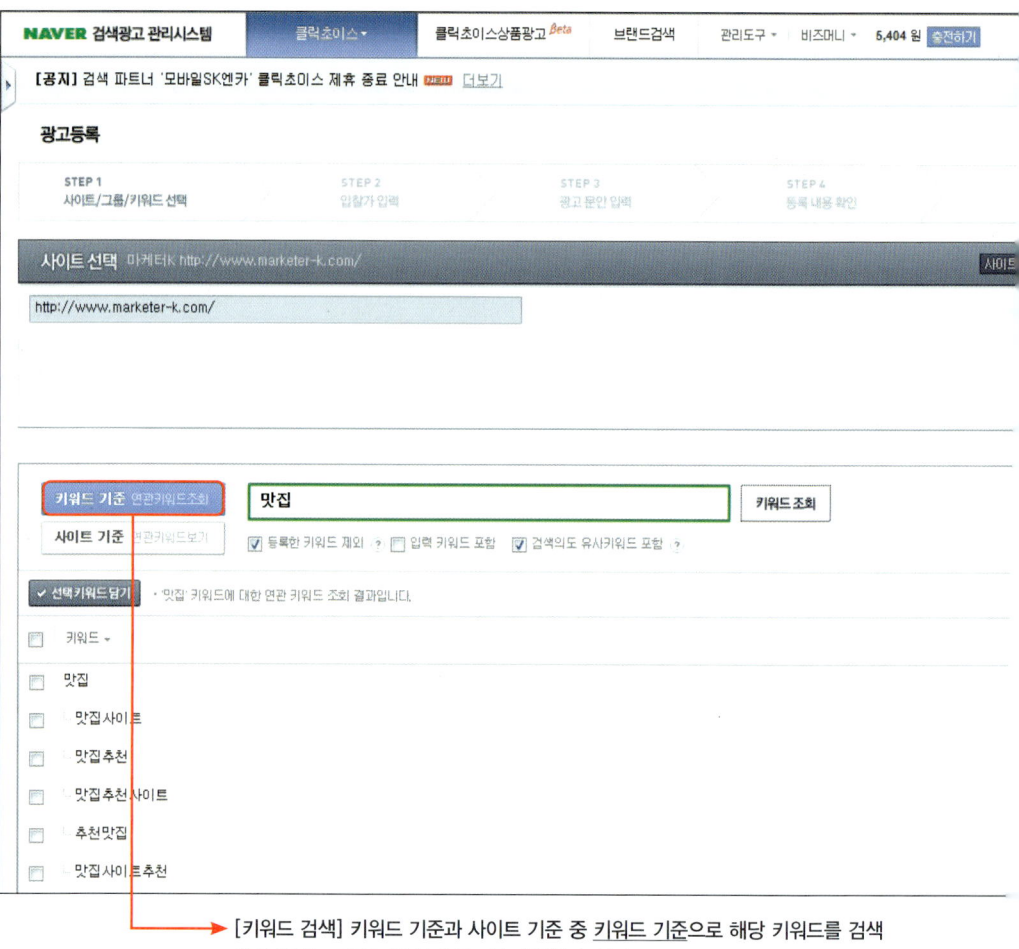

[키워드 검색] 키워드 기준과 사이트 기준 중 키워드 기준으로 해당 키워드를 검색하여 원하는 키워드의 인기 정도를 파악할 수 있다.

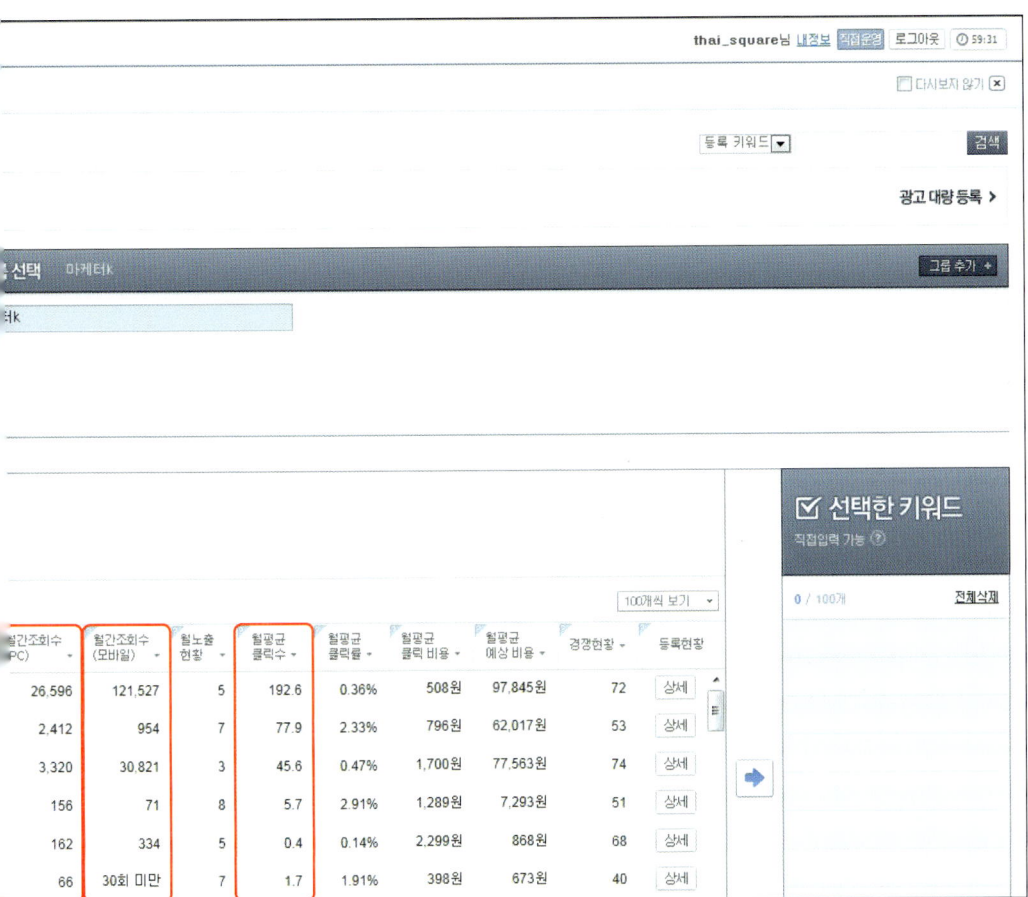

[월 평균 조회수, 클릭수 확인]
'맛집'이라는 단어로 검색 시 관련 키워드들이 좌측에 나열되고 PC에서의 월 평균 조회수와 모바일에서의 조회수 그리고 월 평균 클릭수가 친절하게 나온다.

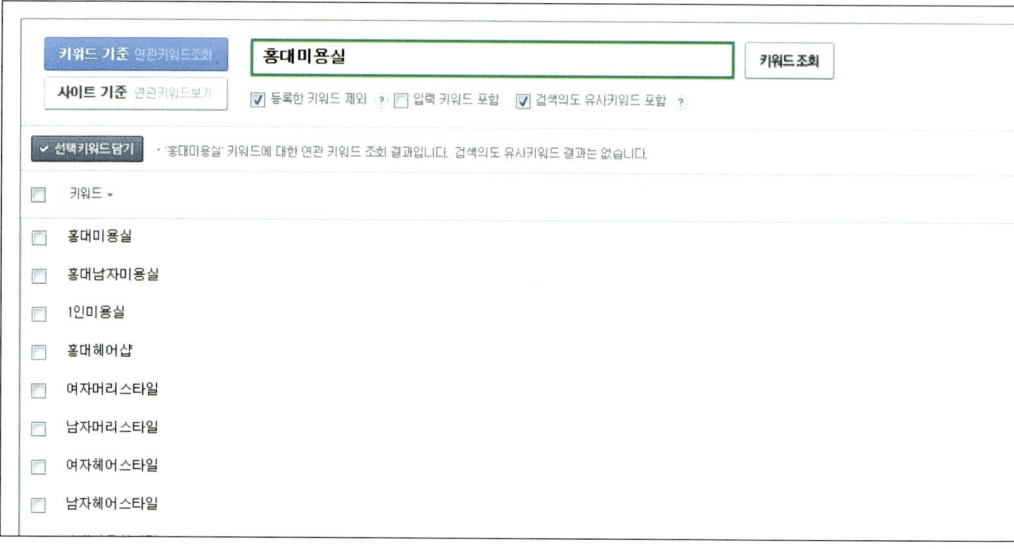

[홍대 미용실 검색] 다른 예로 '홍대 미용실'이라는 키워드를 찾아보았다.

[서교동 미용실 검색] '홍대 미용실'보다 더 세세한 단위인 '서교동 미용실'의 검색 결과이다. '홍대 미용실'보다 전체적으로 조회수와 클릭수가 낮은 것을 알 수 있다.

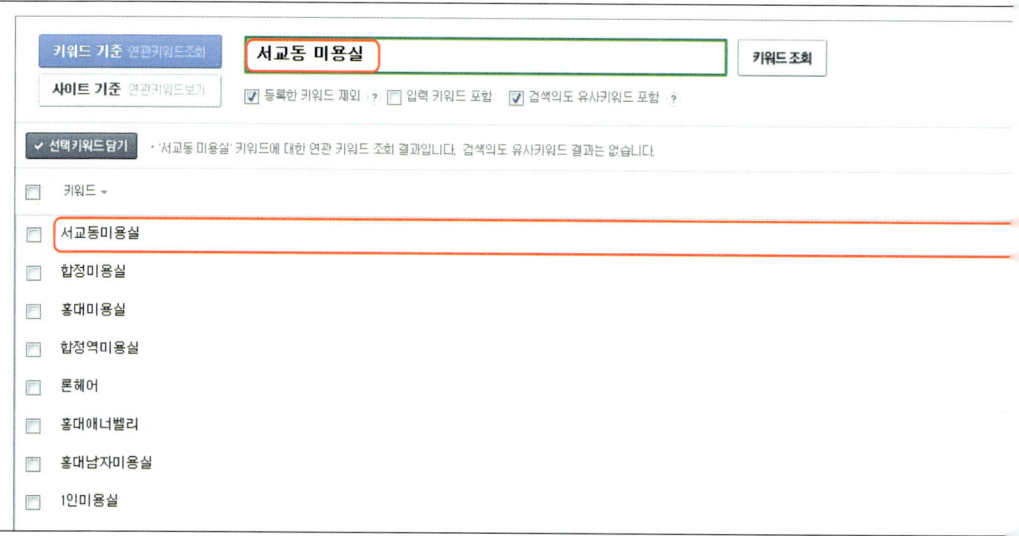

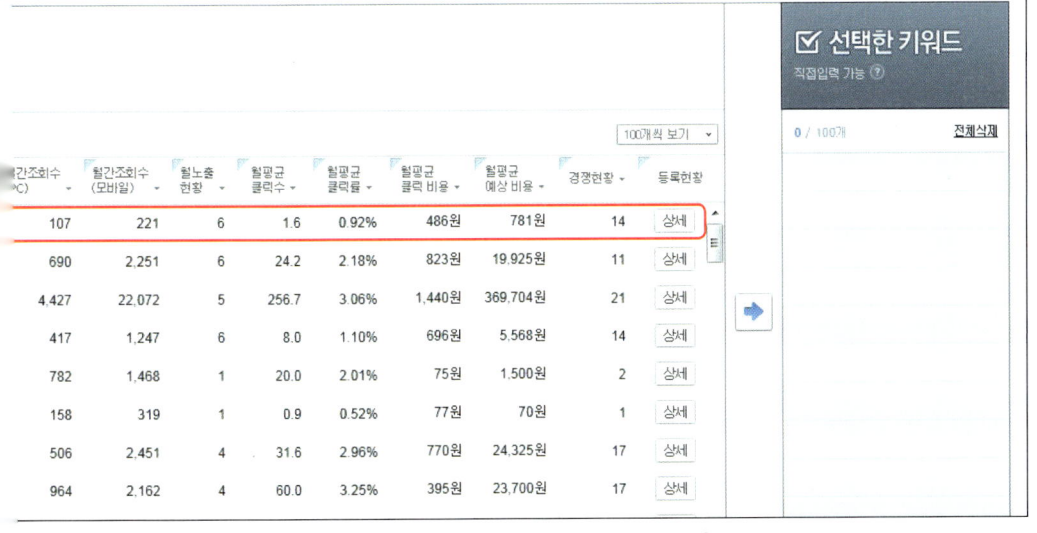

우리가 눈여겨볼 것은 월 평균 클릭수입니다. 클릭수가 높을수록 인기가 많고 사람들이 더 원하는 정보임에 틀림없습니다. 이제, '서교동 미용실'을 한번 검색해보겠습니다. '홍대'와 '서교동' 두 검색어의 월 평균 클릭수를 비교해보니 어느 정도 차이가 납니다.

이런 식으로 파워링크를 이용하여 사람들이 많이 찾는 키워드들 즉, 인기 좋은 키워드를 검색해볼 수 있습니다. PC와 모바일 월간 조회수가 높고 월간 클릭수가 높을수록 사람들이 탐내는 키워드고, 경쟁률도 높습니다. 즉, '홍대 미용실'을 키워드로 잡고 글을 쓰는 것이 '서교동 미용실'을 키워드로 잡고 포스팅하는 것보다 훨씬 더 경쟁률도 세고 그만큼 노출이 어렵다는 뜻이겠죠.

이번 레슨에서 배운 것처럼 '자동완성, 추천검색어, 연관검색어' 등을 통해 내가 앞으로 써나갈 광고 키워드들을 미리 뽑아보고, 위의 네이버 검색등록(파워링크)의 키워드 조회를 통하여 그 키워드들을 난이도별로 파악한 후 포스팅하는 것이 좋습니다.

Lesson 23 방문객 1만명 찍기 & 관리법

[1일 방문자수 예]
아래의 숫자는 날짜이고(예 4월 13일, 14일, 15일) 위의 숫자는 그날의 1일 방문자수이다(그날 하루에 내 블로그에 들어온 사람들의 숫자).

[방문객 통계]
방문횟수는 보통 방문자수와 같거나 높다. 그 이유는 방문자가 내 블로그에 최소 1번 혹은 그 이상 들어오기 때문이다. 또한 페이지뷰도 방문자수보다 일반적으로 높다.

페이지뷰: 페이지뷰는 '내 블로그를 방문한 방문자가 페이지(포스트)를 몇 개나 보았는가?'이다. 예를 들어 아래의 사진에서 1월 10일의 방문자수는 4,931명이지만 페이지뷰는 5,153개이다. 즉 이 숫자로 보아 내 블로그를 방문한 4,931명이 최소한 1개 이상의 글을 봤다. 간혹 페이지뷰가 블로그의 초중반 품질지수 상승에 지대한 영향을 끼친다고 하는 루머가 있지만 사실 이는 그리 중요치 않다. 페이지뷰가 방문자수보다 월등히 높아도 여러 가지 요소가 합쳐져 품질이 좋은 것이지 페이지뷰가 높다는 이유만으로 상위노출이 더 잘되고 저품질에 걸리지 않는 튼튼한 블로그라고 볼 수 없다. 페이지뷰에 너무 민감하게 반응하여 이를 억지로 늘리려고 하지 말고 자연스레 놔두고 운영하면 된다.

기간	방문자수	방문횟수	페이지뷰
2015.01.10 (토)	4,931	4,945	5,153
2015.01.11 (일)	5,759	5,784	6,028
2015.01.12 (월)	6,328	6,328	6,583
2015.01.13 (화)	6,463	6,463	6,763
2015.01.14 (수)	5,816	5,816	6,096
2015.01.15 (목)	4,943	4,975	5,212
2015.01.16 (금)	5,504	5,511	5,773

♛ 키워드 주제 잡기 – 계절별, 시기별, 인기 키워드

강의를 하다 보면 가장 많이 듣는 말이 매일 글을 쓸 때 더 이상 쓸 주제(키워드)가 없다는 것입니다. 사실 그렇지 않습니다. 세상의 모든 만물과 이슈가 주제가 되기 때문에 쓸 주제가 없다는 것은 핑계이며, 단지 자신의 창의력과 노력이 부족할 뿐입니다.

현재 저도 이 책을 쓰고 있지만, 지금 제 주위에는 컴퓨터, 펜, 스마트폰, 에스프레소, 자동차 키, 테이블, 의자, 카페트 등 어찌 보면 굉장히 포괄적인 사물(주제)들로 둘러싸여 있습니다. 이는 곧 세부적인 키워드로 뻗어나갈 수 있다는 것을 의미하며, 수십 개의 검색어가 될 수 있습니다. 예를 들어 스마트폰이라는 포괄적인 주제는 '스마트폰 케이스, 아이폰, 갤럭시 신제품, 스마트폰 어플 추천' 등 무수히 많은 세부 키워드를 뽑아낼 수 있기 때문입니다.

하지만 어떤 글을 써야 그것이 노출되고 사람들이 내 블로그로 많이 유입되는지가 제일 궁금하시겠죠? 이번 주제는 독자분이 가장 민감해 하는 이슈, 즉 글을 써서 방문객을 늘리는 방법에 관한 것입니다.

흔히들 '인기 있는 키워드를 쓰면 된다!'라고 말을 합니다. 너무 포괄적인 말이어서 감이 안 잡히는 분들이 많은 줄로 압니다. 방문객이 늘어나려면 사람들이 많이 찾아보는 인기 있는 키워드를 적어야 하는 것이 당연합니다. 하지만 광고글만 계속 올리는 것이 아니라 일반글도 적어가며 운영해야만 합니다. 계속 광고글만 적다 보면, 저품질에 걸릴 확률이 높아지는데 그것을 피하는 것이 궁극적인 목적이 되겠고, 또 전반적으로 방문객이 어느 정도 늘어야 내가 원하는 난이도의 광고글을 적었을 때 상위노출이 되는 기반이 잡힙니다. 광고

글만으로 유입된 방문객은 그렇게 많지 않을 뿐 아니라 내 블로그에도 큰 도움이 되지 않습니다.

좋은 품질의 블로그는 **1일 방문자수 3천~5천 명** 정도를 목표로 하는 게 좋습니다. 더 많다고 더 좋은 것도 아니며 더 적으면 품질이 안정적이지 않고 급격히 떨어질 수 있기 때문에 제 수강생분들에겐 1일 방문자수 3~5천 명을 추천해드리곤 합니다. 그렇다면 인기 좋은 일반글엔 어떤 것이 있을까요? '**계절별**', '**시기별**', '**이슈별**' 인기 키워드에 기반한 글입니다.

1) 계절별 인기 키워드
계절마다 인기 좋은 키워드를 포괄적으로 적어보겠습니다. 다음의 큰 카테고리들은 세부 키워드로 뻗어나갈 수 있으므로, 그 수는 무궁무진하다고 보셔도 됩니다.

이처럼 검색을 계속 반복하다 보면, 내가 미처 몰랐던 여러 가지 키워드들이 자동완성, 추천, 연관검색어를 통해 나옵니다. 모두 다 사람들이 많이 검색하는 것들이니 여러 검색어를 주제로 포스팅을 해볼 수 있습니다.

봄 관련 키워드

◆ 봄: 데이트, 결혼, 여행지, 환절기감기, 학용품, 캠핑 등
◆ 세부 키워드: 데이트 장소, 데이트 코스 추천, 서울 데이트 코스, 서울 공원, 서울 벚꽃 추천, 부산 여행 코스, 강원도 여행 추천, 환절기 독감, 봄 감기, 봄 알레르기, 학용품 저렴한 곳, 캠핑 코스 추천 등등

봄 관련 키워드 ① 입학선물

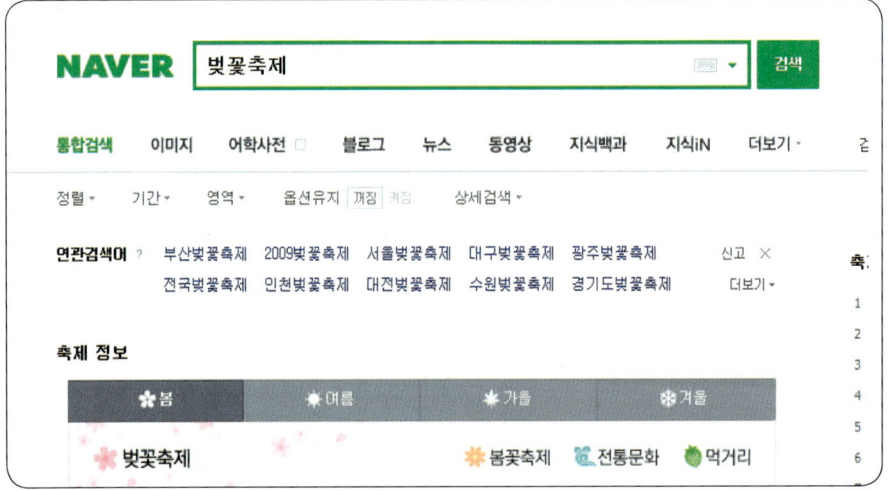

봄 관련 키워드 ② 벚꽃축제

입학선물 세부 키워드 자동완성

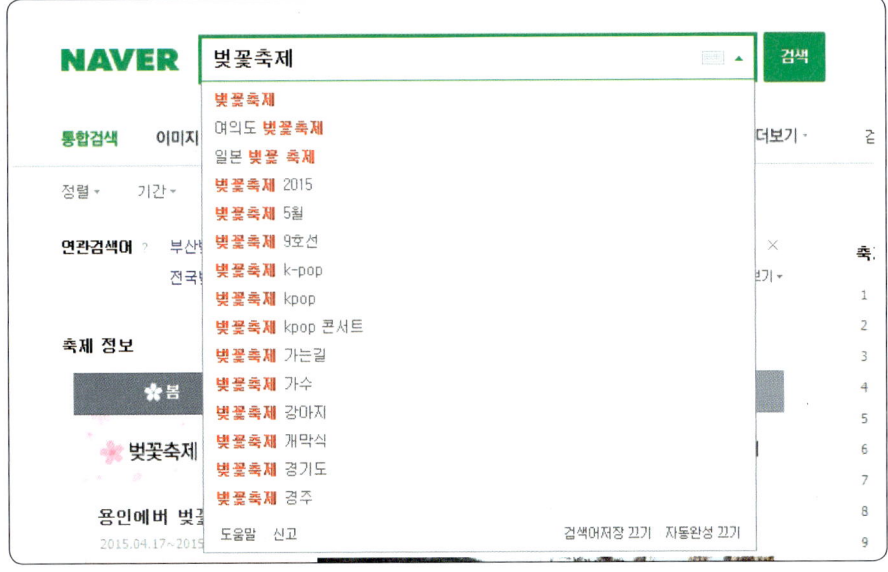

벚꽃축제 세부 키워드 자동완성

여름 관련 키워드

- 여름: 여행, 장마, 펜션, 바다, 여행지, 수영복, 다이어트, 방학, 해외여행 등
- 세부 키워드: 동남아 여행 추천, 동해 바다, 여수 여행, 남자 수영복, 비키니, 남자 반바지 코디, 체중 감량, 다이어트 식품, 방학 다이어트, 캠핑지 추천 등등

여름 관련 키워드 ① 여름옷

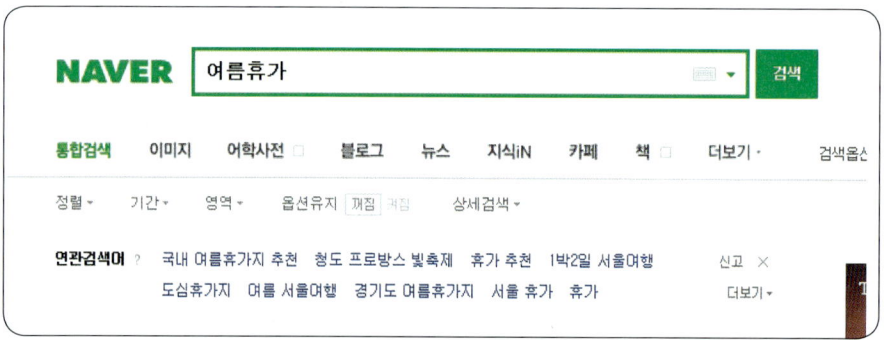

여름 관련 키워드 ② 여름휴가

여름옷 세부 키워드 자동완성

여름휴가 세부 키워드 자동완성

가을 관련 키워드

◆ 가을: 가을옷, 환절기, 추석 등
◆ 세부 키워드: 남자 가을 코디, 가을 감기, 감기에 좋은 음식, 추석 선물, ktx 시간표 등등

가을 관련 키워드 ① 가을옷

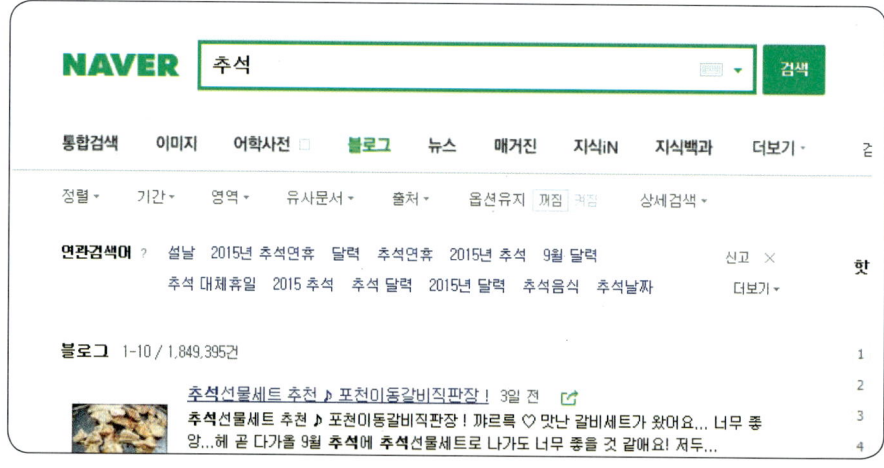

가을 관련 키워드 ② 추석

가을옷 세부 키워드 자동완성

추석 세부 키워드 자동완성

겨울 관련 키워드

◆ 겨울: 감기, 패딩, 방한용품, 겨울여행, 방학, 스노우보드, 스키 등
◆ 세부 키워드: 감기 빨리 낫는 법, 저렴한 패딩, 방한 부츠, 겨울 여행지, 크리스마스, 연말 회식, 새해 다짐, 겨울바다 등등

겨울 관련 키워드 ① 겨울여행

겨울 관련 키워드 ② 겨울패딩

겨울여행 세부 키워드 자동완성

겨울패딩 세부 키워드 자동완성

2) 시기별, 이슈별 인기 키워드

자! 지금까지 계절별 인기 좋은 검색어들을 알아보았습니다. 그렇다면 앞에서 말씀드린 시기별, 이슈별 키워드들은 무엇일까요?

01 인기 노래 / 02 정치관련 키워드 / 03 유명 연예인

예를 들어, OECD 국제회의를 한다면 그것 또한 키워드가 되겠고, 유명한 가수의 노래가 인기라면 그것 또한 가능하겠죠? 하지만 개인적으로 정치와 연예계 쪽은 블로그의 포스팅 주제로 그다지 추천하지 않습니다. 워낙 신고도 많고 초상권 관련 문제가 있어 피해를 입을 수도 있으며, 사진을 잘못 올렸다가는 법적으로 문제가 될 수도 있기 때문에 주의하셔야겠습니다.

또한 루머 중 '실시간 검색어는 쓰면 안 된다'라는 말이 있는데요. 실시간 검색어는 쓰면 안 되는 것이라기보다는 쓴다 해도 워낙 경쟁률도 심해서 올라가지도 않고, 설령 쓴다 해도 빨리 내려가기 때문에 별 이득을 볼 수 없는 행위랍니다. 게다가 올해부터는 저품질에 걸리는 경우가 더욱 많아져서 주의해야 하는 부분 중 하나입니다.

하지만 실시간 검색어까지는 아니고 시기상 사람들이 추석선물을 준비해야 할 시기라든지, 장마 올 때가 되어 언제 장마가 오나 궁금해 할 시기라든지, 혹은 크리스마스가 다가와 공연이나 콘서트 등을 알아볼 시기라면 '12월 콘서트 추천' 등도 매우 좋은 검색어이며, 시기에 맞는 글쓰기 주제가 됩니다. 현재 실시간 검색어에 '12월 콘서트 추천'이라는 글이 올라와 있다면 이를 피해야 한다는 것이죠.

이렇게 계절과 시기, 이슈를 보는 눈이 생기고, 현재 관심사와 취미, 그리고 일상글과 섞어서 여러 가지의 주제로 포스팅을 하다 보면 앞으로 블로그를 매일 운영하는 데 있어서 적을 만한 글이 없다는 생각은 들지 않을 것입니다.

댓글 달기는 WIN-WIN이다

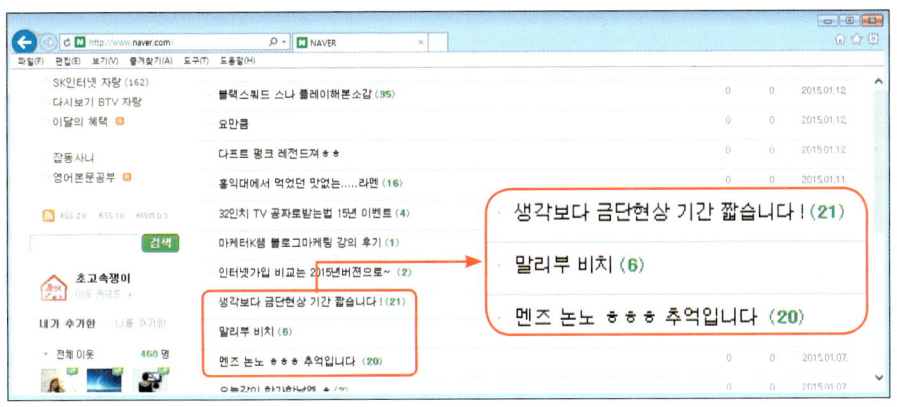

다른 블로그를 보다가 포스트에 이웃이 달아준 댓글이 수십에서 수백 개가 넘는 경우를 종종 접하셨을 겁니다. 최근 블로그 지수에 있어 댓글의 비중이 예전에 비해 많이 줄어든 것은 사실이지만 그래도 이웃이 내 블로그에 댓글을 달아주는 행위는 반드시 필요한 요소 중 하나입니다.

그렇다면 내 글에 댓글이 잘 달리려면 어떻게 해야 할까요? 답은 매우 간단합니다. **내가 먼저 상대방의 블로그에 댓글을 달아주면 됩니다.** 남이 나에게 먼저 댓글을 달아주길 바라고 또 그것이 무한대로 늘어나길 바라는 것은 블로그 세계에서 큰 착각입니다.

내가 먼저 상대방의 최신 글에 댓글을 달아줘야 상대방도 비로소 내 블로그를 방문해 나의 최신 글에 댓글을 달아주는 것입니다. 가는 게 있어야 오는 게 있는 것처럼 말이죠.

또, 복사 + 붙여넣기한 댓글을 단 이웃보다는 꼼꼼히 읽어주길 바라진 않지만 그래도 내 글을 어느 정도 읽고 댓글을 달아준 이웃들에게 더 자주 방문하게 되는 건 인지상정입니다. 블로그는 사람이 운영하는 것이기 때문에 지극히 당연한 일입니다. 상대방에게 댓글을 달아줄 때는 마지못해 하는 듯한 인상을 주는 복사 + 붙여넣기 대신 **조금은 정성이 들어간 댓글을, 특히 해당 포스팅에 관한 내용을 포함한 댓글을 달아주세요.**

포스팅의 주제와 댓글과는 크게 상관없습니다. 간혹 화장품 리뷰나 맛집 광고 같은 광고글에도 이웃들의 댓글이 잘 달리는 것을 볼 수 있습니다. 어차피 글의 내용이 어떻든지 간에 블로거들끼리는 서로 댓글이 필요하기 마련입니다. 소통하는 공간이기 때문이죠. 상대방도 나도 댓글이 필요하기 때문에 상대에게 댓글을 달아준다는 개념 자체는 블로거들에게는 모두 기본 전제조건으로 깔려 있는 상태이기도 합니다. 댓글이 많이 달려야 한다면 내가 먼저 상대방에게 달아주려는 노력이 필수입니다.

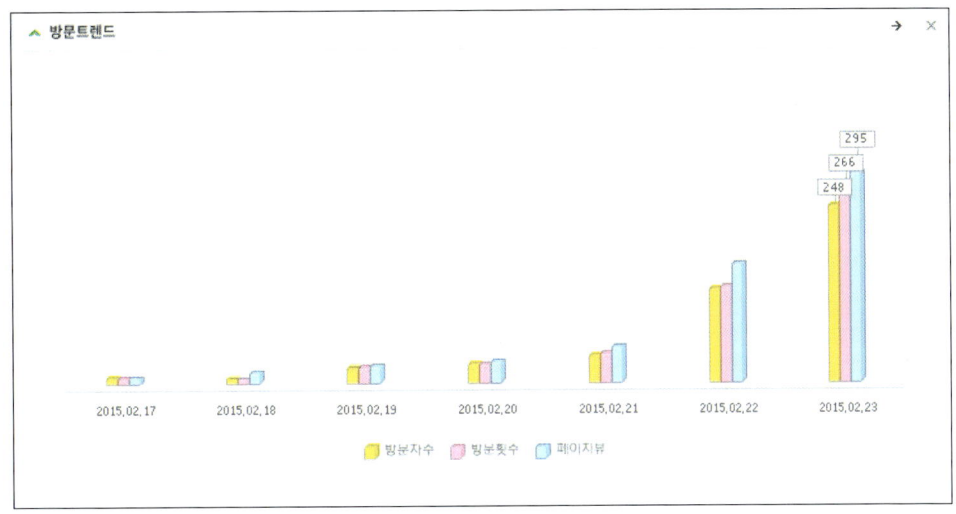

[방문자수 상승 차트] DAY 1부터 1주일간의 방문객 상승 차트의 아주 좋은 예

♛ 1일 방문자수에 따라 관리와 대처법이 달라진다

처음 블로그를 시작할 때 가장 많은 질문을 하고 또 어려움을 느끼는 것이 바로 방문객 관리와 대처법입니다. 최소한의 목표로 일 3천 명 이상의 방문객(투데이)을 유입시키는 블로거가 되는 것이 바람직하지만 어떠한 글을 작성하느냐에 따라 그 유입률이 천차만별이고, 또 방문객 차트가 우상향만을 그리며 쑥쑥 커가는 것이 아니기에 귀찮고 골치 아픈 것이 사실입니다.

1) 1일 방문자수: 500명 미만

첫 번째 고비는 1일 방문자수 500명을 달성하는 것인데요. 블로그를 개설하고 나서 정상적으로 차근차근 1일에 500명이 될 때까지 보통 2주 반 정도가 걸립니다. 이 시기에는 쉬운 난이도의 키워드를 주제로 글을 작성하더라도 노출이 쉽지만은 않아 글의 양과 소통에 집중하는 등 운영시간으로 밀어붙여야 할 시기입니다. 그런 만큼 많은 분들이 지쳐버리는 구간이기도 하지요. 방문자수가 워낙 적기 때문에 어제보다 10%만 적어져도 450명이 되는 등 앞자리가 쉽게 바뀝니다. 되도록 방문자수가 우상향 혹은 계단 형식으로 점차 오르도록 관리해야겠습니다.

2) 1일 방문자수: 500명~1,000명

마의 500명을 넘겼다면 이제부터는 승승장구입니다. 전보다 유입률이 더 좋은 검색어로 글을 작성하여도 노출되는 경우가 많으며, 800명~1,000명을 넘기는 것은 지난 약 3주간의 노력보다 우스울 정도로 쉬울 겁니다. 그리하여 첫 목표를 500명, 그다음은 1천 명으로 잡아주시면 됩니다. 주말에는 유입률이 평일보다 떨어지곤 하는데 보통 사람들이 쉬거나 놀러나가는 경우가 많기 때문에 아주 자연스러운 현상입니다. 또한 평일에는 오전과 낮보다는 저녁과 새벽에 1일 방문객의 분포도가 모여 있는 것을 알 수 있는데(통계에서 볼 수 있습니다) 이는 퇴근길과 귀가 후에 사람들이 인터넷 검색을 많이 한다는 증거이기도 합니다.

3) 1일 방문자수: 1,500명~2,000명 미만

1일 방문자수가 1,500명에서 2,000명 사이가 될 때에는 기존의 내 글들 중 상위노출되어 있던 것들이 점차 내려가 방문자수가 하루아침에 폭락하지 않게끔 유지하는 것이 관건입니다. 어제와 오늘의 방문자수를 비교하여 되도록이면 하루아침에 20% 이하로 떨어지지 않도록 유지하며 체킹해야 합니다. 저는 보통 ① **아침식사 후** ② **점심식사 후** ③ **저녁식사 후** ④ **잠들기 3시간 전**, 이렇게 4번의 시간을 정해서 체킹하고 있습니다. 외부에 있을 때에도 방문객수를 파악하는 것이 중요합니다.

> 네이버 블로그 앱

생활하다 보면 블로깅하는 것을 쉽게 잊어버리게 되고 매번 PC에 접속하기도 힘듭니다. 꾸준한 블로깅을 위해 개인적으로 추천해드리는 건 네이버 블로그 앱입니다. 실시간으로 댓글을 달 수도 있고, 현재 투데이를 숫자로 정확히 볼 수도 있습니다. 물론 글쓰기도 가능하기 때문에 적어도 글과 소통은 되도록이면 평소 정해놓은 장소에서 하는 것이 좋습니다. 방문자수가 떨어지고 있는 것이 확연하게 파악된다면 긴급한 상황이므로 더 신경을 써야 합니다.

방문객 마감은 12시를 기준으로 하기 때문에 보통 저녁 6시에 방문객이 1,100명 정도 들어오는데, 오늘은 700명 정도이고, 통계를 보니 그동안 상위노출이 되어 유입률에 크게 기여하던 글이 노출에서 밀려나 떨어져 있는 상황이라면 지금 그 격차(Gap)인 400명을 채울 만한 글을 적어주어야 합니다.

여기서 중요한 것은 그러한 글을 쓰기 위해 평소에 내가 자주 쓰는 분야의 글들의 유입률이 얼마나 되는지 습관처럼 파악해야 하며 프로필 섹션에 있는 통계를 통해 오늘 내 블로그에 몇 명이 들어왔으며 어떠한 글들이 몇 %의 유입률을 보이는지 파악해야 한다는 것입니다. 400명의 격차를 채우기 위한 수단으로 100명 정도 들어오는 글을 4개 작성해도 되고, 200명 들어오는 글을 2개 작성해도 되고, 400명 들어오는 글을 1개 작성해도 무관합니다.

다만 다음부터 급격하게 떨어지는 일을 방지하기 위해 400명의 유입률을 가진 글 1개보다는 200명의 유입률을 갖고 있는 글 2개가 좀 더 안전합니다. 이를 미루어 볼 때, 가능한 한 평소에 하루 2개 이상의 글을 작성하는 것이 바람직합니다.

순위	검색어	유입률	
1	블로그강의	17.9%	네이버 100.0%
2	블로그 강의	15.8%	네이버 100.0%
2	블로그교육	15.8%	네이버 100.0%
4	부동산 블로그	9.5%	네이버 100.0%
5	부동산블로그교육	8.4%	네이버 100.0%
5	블로그 최적화	8.4%	네이버 100.0%
7	블로그강사	7.4%	네이버 100.0%
8	부동산 블로그 마케팅	6.3%	네이버 100.0%
8	블로그 강좌	6.3%	네이버 100.0%
10	블로그 교육	4.2%	네이버 100.0%

[검색어 검색엔진별 유입률]
내 투데이 방문객의 메인을 차지하고 있는 글들이 무엇인지, 그리고 몇 %를 차지하고 있는지 계산해서 항상 유입률을 파악한다. 예) 어제 방문객이 1천 명이며 '아이패드 필수 어플'이라는 검색어가 30%를 차지하고 있다면, 이 검색어가 끌어들이는 방문객은 3백 명이다. 참고하여 차후에 3백 명의 방문객이 떨어질 것 같은 상황이 올 때 '아이패드 필수 어플'을 키워드로 노출시켜 그 격차(Gap)을 메울 수 있도록 계획한다. 이렇게 3백 명, 1백 명, 5백 명 등 키워드의 유입률을 파악하고 있다면 차후 어느 때라도 갑작스러운 등락률 없이 내 블로그의 방문객을 튼튼히 유지하거나 계단식으로 점차 상승시킬 수 있다.

방문자수가 어느 정도인지에 상관없이 방문자수의 등락률은 중요합니다. 의외로 일일 방문자수 2,000명 이하의 블로그는 1만 명의 블로그보다도 오히려 방문자수를 유지하기가 더 어렵습니다. 그 이유는 2,000명대에는 아직 지수가 평탄화되어 있지 않은 경우가 대부분이라서(롱런하고 있는 블로그 중에서 2,000명대로 유지하시는 분들은 제외; 새로 개설 후 2천 명 달성 상태를 말합니다.) 상위노출되었던 글이 두세 개만 내려가더라도 휘청거리기 일쑤이며, 지수가 높지도 낮지도 않아 어떤 글을 써야 내 블로그가 커버되고 상위에 노

[통계버튼]
통계버튼은 블로그의 프로필 섹션에 있으며 매일매일 사용하는 습관을 들여야 한다.

출될 수 있을까 하는 그 대략적인 기준선이 매우 미비하기 때문입니다. 그렇기에 이 시기에는 노출에 실패할 것을 대비해 글의 수로 밀어붙여야 합니다.

글의 양을 적절히 늘려 매일매일 글을 2개 이상 작성하고, 3개의 각기 다른 글 중 1개가 상위노출이 된다는 가정하에 진행해야 합니다. 물론 3개 모두 노출을 시킨다는 노력으로 해야겠지요. 작성하면서도 노출과 미노출의 파악이 어려운 단계이니만큼 하루하루 집중해야 합니다.

4) 1일 방문자수: 3,000명~5,000명

1일 방문자수 3,000명~5,000명의 블로그는 오히려 초반의 1/3의 노력만으로도 쉽게 유지할 수 있습니다. 웬만한 키워드는 노출되기 때문에 시즌, 계절별 키워드에 조금만 신경을 써주면 되며, 글 하나로도 1천 명, 2천 명이 들어오는, 많은 사람들이 관심을 갖는 분야도 포스팅해볼 수 있어 가장 빠르게 방문자수 상승과 상위노출을 굳힐 수 있는 시기입니다. 그렇기 때문에 1일 방문자수가 내 목표에 도달했다면 그것이 떨어지지 않게 유지를 해주어야 하며, 떨어질 수 있는 상황에서는 다른 글을 작성해 유입률을 메우며 굳혀가야 합니다.

5) 1일 방문자수: 1만 명 이상

투데이 1만 명 이상의 블로그를 유지하는 것은 여유 그 자체입니다. 노출되어 있는 글이 쉽게 떨어지지 않으며 그렇기에 1일 방문자수에 매번 신경 쓰며 공들일 일이 줄어들게 됩니다. 이 시점에서는 하루 이틀 블로그를 쉬는 여유도 부릴 수 있을 정도입니다. 글 한 개로 인해 2,000명~5,000명의 방문객이 들어올 수도 있는 튼튼한 단계지요. 특별히 주의해야 할 것이 있다면 너무 높게 올라가지 않도록 하는 것입니다. 방문객이 내가 계획한 것보다 너무 크게 상승해버리면 그만큼 쉽게 떨어질 수도 있고 급상승하거나 급하락하게 되어 등락률이 커지기 때문입니다.

예기치 못하게 의도하지 않은 글이 상위노출되는 경우도 다반사이기 때문에 노출시킬 글과 노출시키지 않을 글을 분명히 정하고, 노출을 원치 않고 단지 개수를 채우기 위한 글에는 아예 키워드를 집어넣지 않는 것이 바람직합니다. 초·중급의 블로그를 갖고 계신 분들에게는 부러움의 대상일 수도 있지만 투데이가 1만 이상의 블로그라도 저품질에 너무나도 쉽게 걸릴 수 있기 때문에 여유와 유지도 좋지만 광고글 자제와 방문객 평준화를 신경써야 합니다. 내가 블로깅을 하는 동안에는 영원히 지켜야 할 제일 기본적인 두 가지입니다.

Lesson 24 저품질 예방법 A to Z

흔히 말하는 저품질에 걸리는 것은 블로거에게 엄청나게 큰 재앙임에는 틀림없습니다. 지금 내 블로그가 노출이 너무 안된다면, 저품질에 걸렸는지 아닌지를 판단하는 게 최우선 과제입니다. 처음부터 크지 못한 것인지 아니면 일시적으로 품질이 더디게 된 것인지 혹은 정말로 저품질에 걸려 블로그를 접어야 하는 상황이 온 것인지 말이죠.

제일 흔히 하는 실수가 '남의 탓'을 하는 것입니다. '경쟁업자가 내 블로그를 광고성 글로 신고해서 걸렸어.' 혹은 '이상한 IP와 ID를 써서 내가 열심히 잘 키워놓은 블로그를 저품질에 빠지게 만들었어.' 등등의 말을 심심찮게 듣습니다. 예전엔 그런 경우가 다반사였는데요, 요즘에는 그런 일이 거의 일어나지 않습니다. 이제는 남이 개입했다는 이유로 쉽게 저품질에 걸리지 않습니다.

저품질은 운영을 잘못한 본인의 잘못이 제일 큽니다. 이 점을 먼저 인정하고 바로잡는 작업을 시작해야 합니다. 먼저 저품질의 개념을 알아보고 저품질에 걸리지 않기 위해 주의할 사항들을 살펴보겠습니다. 이미 저품질에 걸린 상태라면 새로 다시 시작할지 아니면 살릴지에 대해서도 말씀드리겠습니다.

저품질은 블로그 품질(지수)이 낮아졌다는 뜻이다

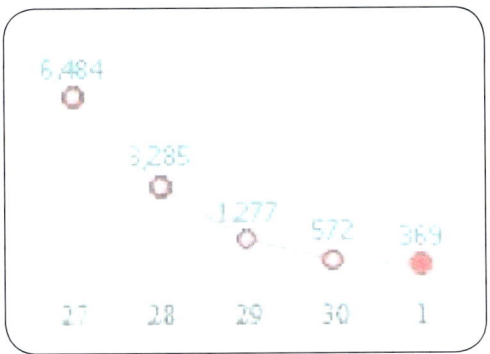

[방문객이 현저하게 떨어진 예]거의 하루에 50%씩 계속해서 떨어지고 있다. 핫이슈나 실시간 검색어, 네이버 캐스트, 인기 글 등록이 고의 혹은 본의 아니게 되었을 때 차트에 일시적으로 큰 변화가 생긴다.

저품질은 말 그대로 블로그의 품질(지수)이 낮아졌다는 의미로 현재 운영하는 블로그가 기존에 노출이 잘되다가 어느 순간 갑작스럽게 상위노출은커녕 등수가 30등 밑으로 내려가거나 포스팅의 노출이 30% 정도밖에 안되는 상태를 말합니다.

게다가 원래 노출이 잘 안되던 블로그를 계속 잘못된 운영방법으로 방치해도 품질이 낮아진 상태로 유지되어 저품질 문제가 생길 수 있습니다. 즉, 광고글을 그동안 한 번도 쓰지 않았음에도 불구하고 저품질에 충분히 걸릴 수 있다는 말입니다. 고로 '과다한 광고=저품질'이 아니며, 저품질은 좀 더 포괄적인 의미라고 볼 수 있습니다. 흔히 블로그 광고로 인해 매출이 상승하다가 저품질에 걸려 현저하게 매출이 감소하거나 인바운드 상담이나 방문객이 줄어들어 많이 막막해 하시곤 합니다.

그렇다면 저품질에 걸리지 않기 위해 주의해야 할 사항에는 어떤 것들이 있을까요? 여러 가지 이유 중에서 초·중급자 분들이 흔히 하는 실수를 크게 4가지로 나누어 말씀드리겠습니다.

저품질은 고민하고 궁금해 하기엔 너무 뻔한 답을 가지고 있습니다. 즉 **검색사이트가 싫어하는 짓을 하지 않는 것**이 포인트입니다.

1) 키워드의 반복 사용

키워드를 계속 반복해서 넣게 되면 고의적으로 상위노출하려는 의도로 판단합니다. 그러면 '양질의 정보'가 아닌 '광고성 정보'로밖에 보이지 않겠죠. 계속해서 키워드를 너무 많이 반복하여 작성하다 보면 그것이 누적되고, 그러다 보면 블로그 지수는 조금씩 떨어져만 갑니다. 하지만 키워드가 들어가지 않거나 반복되지 않으면 글이 노출되지 않습니다. 그래서 적당한 횟수가 중요합니다. **한 포스팅에 같은 키워드는 6개 이상 반복해서 넣지 마세요!** 문맥상 넘게 되더라도 최대한 그 수를 초과하지 않도록 노력하며 작성하여야 합니다.

2) 노골적인 광고글

블로그 자체가 전화번호와 많은 배너들 그리고 링크들(블로그 겉 화면과 글 내용도 포함)을 가지고 있다면 당연히 저품질의 위험에 빠지기 쉽습니다. 기본적으로 어느 검색사이트든지 자사의 사이트에서 타사 혹은 알 수 없는 경로를 타고 흘러 들어가는 상황을 좋아하진 않습니다. 흔히 블로그의 타이틀 섹션이나 프로필 섹션에 매장이나 핸드폰번호를 크게 적어놓는 것은 바람직하지 않습니다. 또한 전체 글의 개수가 100개라고 가정할 때 광고성 글이 50개라면 이 또한 광고성이 너무 짙은 블로그입니다.

반면 어떤 블로그는 광고성 글이 가득한데 저품질에 걸리지 않기도 합니다. 혹자는 저품질에도 운도 따른다고 생각합니다. 남이 걸리지 않았다고 해서 나도 똑같은 방식으로 따라 하면 결국엔 나만 걸리는 상황이 발생할 수도 있습니다. 되도록 처음부터 이를 조심하고 광고의 비율을 잘 맞추면서 운영을 해야 합니다.

3) 불법성, 유해성, 상업용 블로그

이 경우는 특히 저품질에 걸릴 확률이 높습니다. 예를 들어 불법 도박 사이트나 인터넷으로 니코틴이 든 담배를 판매하는 것 등은 불법이기 때문에 이런 블로그는 소위 말하는 '스크린'에 걸립니다.

한 번 스크린에 걸린 블로그는 두 번 다시 살릴 수 없습니다. 또한 연예인이나 인기인을 빙자한 블로그라든지 음식이나 상품을 판매하는 블로그 또한 한 번 저품질에 빠지면 살아남기 힘듭니다.

> 스크린: 포스팅 내용이 보이지 않는 혹은 글이 더 이상 작성이 안 되는 혹은 자동 삭제되는 일

4) 프로그램 사용 혹은 어뷰징

어뷰징이란 **내 블로그에 내 다른 ID나 IP 주소를 사용해서 마치 이웃이 남긴 것처럼 댓글, 공감, 스크랩 등의 소통 활동을 스스로 하는 것**입니다. 물론 내 IP 주소(블로그를 운영하는 메인 IP 주소)에서 다른 ID로 로그인하여 댓글, 공감, 스크랩 등을 남기는 경우도 어뷰징에 속합니다.

특히나 댓글을 자동으로 달아주는 프로그램이나 IP를 우회하는 프로그램 등 그 종류가 다양하고 많습니다. 경험상으로 프로그램을 사용하여 어뷰징을 하

는 경우는 최악이고, 사용하지 않더라도 스스로 댓글, 공감, 스크랩을 남기는 블로거가 되면 생각보다 빨리 저품질에 걸리는 경우를 많이 보았습니다. 스크랩, 댓글과 공감은 이웃과 소통하며 자연스럽게 유도하도록 합시다.

♛ 저품질 자가 진단법

자신의 네이버 블로그 글이 다음(Daum)에 상위노출되었다고 해서 저품질이 아니라고 말하기는 어렵습니다. 타 검색엔진의 검색결과(Search Result)와는 무관합니다. 또한 내가 원하는 키워드 글을 10개 작성했을 때, 3개가 상위노출된다고 해서 현재 저품질이 아닌 것은 아닙니다. 오히려 이러한 징후는 충분히 저품질의 시작 단계라고 할 수 있습니다. 어떤 분야의 키워드는 상위노출이 되는데, 또 다른 키워드는 첫 페이지가 아니라 3페이지 이후에도 찾아 볼 수 없을 수도 있기 때문입니다. 이런 경우에 저품질로 가고 있는 경우일 가능성이 높고, 혹은 글 쓰는 방법이 잘못되었을 수도 있습니다.(글 쓰는 법은 차후 알려드리겠습니다.)

가장 알기 쉬운 저품질 자가 진단법은 최근 20일 안에 노출을 위해 키워드를 잡고 작성한 글의 노출 현황을 보는 것입니다. 또 가장 좋은 방법은 방문객의 변화 현황 파악입니다. 1일 방문자수가 갑자기 뚝 떨어지고, 근 7일 사이에 작성한 글들이 노출되지 않으며, 7일~20일 전에 올린 글은 몇몇 개가 상위노출되어 있다면 바로 최근에 많이 나타나는 저품질의 특성이라고 보아도 됩니다.

저품질의 기준이 매우 까다로워 간혹 저품질이 아닌데 저품질이라고 생각하고 계속 열심히 했더니 살아났다고 하는 경우가 있습니다. 문제는 혼자만 그렇게 생각하면 되는데 인터넷상에서 자랑하고, 근거도 없는 루머를 퍼뜨려 진짜 저품질에 걸린 많은 분들이 그 말을 맹신하고 헛되게 시간을 날리는 경우가 허다합니다. 제대로 걸린 저품질을 살리는 확률도 적거니와 살린 후 그 블로그를 가지고 롱런을 하는 일은 더욱 희박합니다.

저품질의 해결 방법은 수업으로 진행하기 때문에 여기서는 단순히 저품질에 걸렸는지, 살릴 수 있는지의 여부만을 판단해드립니다. 서두에 다소 비관적으로 말을 했지만 의외로 살릴 만한 블로그들도 많습니다. 살릴 수 있는 건 살리고 죽은 것은 가차 없이 포기한 뒤 새롭게 시작하는 것이 좋습니다.

아래는 제가 운영하는 사이트 주소입니다. 저품질에 관한 문의를 해주시면 저품질을 벗어나는 해답을 알려드리지는 못하지만, 저품질에 걸렸는지 그렇지 않았는지에 대해서는 답변해드리겠습니다. 혹 주소가 변경되었을 시 '마케터 K'를 검색해보면 나옵니다. www.marketer-k.com

♛ 동일 회선의 IP를 사용하지 말자

[랜 케이블]
집에서 각 방마다 랜 케이블이 구비되어 있더라도 한 개의 인터넷 회선을 신청해 쓰고 있다면 집안 모든 곳은 다 동일한 1개의 IP이다.

내 블로그의 IP 주소는 가능한 한 매번 달리하지 않고 운영하는 게 포인트입니다. 즉 한 장소 한 IP 주소에서 운영하는 것이 더 튼튼하고 더 빠르게 최적화에 가까워지며, 저품질에 걸릴 확률도 최소화할 수 있는 아주 중요한 요소입니다.

물론 이사를 간다거나 인터넷 회사를 바꾼다거나 하는 등의 이유로 IP 주소가 간혹 바뀌기도 합니다. 하지만 이런 경우는 자주 있는 일이 아니기 때문에 크게 상관이 없습니다.

블로그를 시작하기 전에 기본적으로 이러한 지식이 깔려 있어야 하는 만큼, 제가 블로그 수업을 진행하면서 가장 먼저 알려드리는 것이 IP 개념입니다.

1) 여러 대의 컴퓨터 사용은 금물

동일한 IP를 여러 대의 컴퓨터에서 동일하게 사용하면 크게 문제가 될 수 있습니다. 예를 들어 사무실 한 곳에서 A와 B와 C 컴퓨터 3대가 존재하고 3명의 직원이 각각 한 대의 컴퓨터를 사용하며 인터넷 회선(IP)은 KT 1개의 회선을 사용할 경우 3대의 컴퓨터가 사용하는 IP 주소는 모두 동일합니다.

이렇게 동일 회선을 사용할 경우 3명이 각자의 블로그를 똑같은 역량과 스킬로 운영하였다 해도 1개 혹은 모두 다 최적화에 실패하는 경우가 많으며, 한 개의 블로그가 저품질에 걸리면 멀쩡하던 나머지 2개의 블로그도 따라 저품질에 걸릴 수가 있습니다. 이럴 확률이 100%는 아니지만 수업하면서 여러 상황을 듣다 보면 어림잡아 60%의 확률로 파악됩니다.

[여러 대의 컴퓨터 사용은 금물]
한 장소에서 여러 대의 컴퓨터를 이용하여 여러 개의 블로그를 사용하는 것은 매우 좋지 않다.

이런 이유 때문에 낮에 직장에서 블로그를 하고 싶어도 하지 못하고 퇴근 후 집에 돌아가 피곤한 몸을 쉬지 못한 채 블로그를 하게 되고, 당연히 그것을 업무의 연장으로 느끼는 분들이 많습니다. 그로 인해 빨리 지치게 되고 결국엔 블로그를 멀리하게 되는 경우를 많이 보았습니다.

2) 저품질에 걸리지 않는 IP 사용법

특히 영업사원과 자영업자분들은 낮에 자투리 시간을 활용해 블로그를 하고 싶지만 그럴 수 없어 안타까우실 텐데요. 좋은 소식이 있습니다. 여기 고민을 해결해드리기 위해 다른 IP에서도 블로그를 할 수 있는 방법 2가지를 소개합니다. 둘 다 저품질과는 전혀 무관합니다.

① 미리 포스트만 작성해놓는 방법

낮에 노트북 혹은 사무실의 데스크톱에서 문서작성 프로그램 및 이메일을 이용(워드프로세서, 한글, 이메일, 메모장 등 모두 가능)하여 오늘 올릴 글을 작성해놓고 퇴근 후 집에서 복사-붙여넣기(Control+ C, V)하여 글 쓰는 시간을 줄이는 방법이 있습니다. 블로그에 로그인하여 올리는 작업만 하지 않고 단순히 글만을 써두는 작업입니다. 그렇기에 인터넷이 안되는 곳이더라도 가능합니다.

[윈도우 메모장, 이메일, 워드프로세서 아이콘]
스마트폰 어플을 포함하여 글을 작성할 수 있는 프로그램이면 어떤 것이든 무관하게 첫 번째 방법에 사용 가능하다.

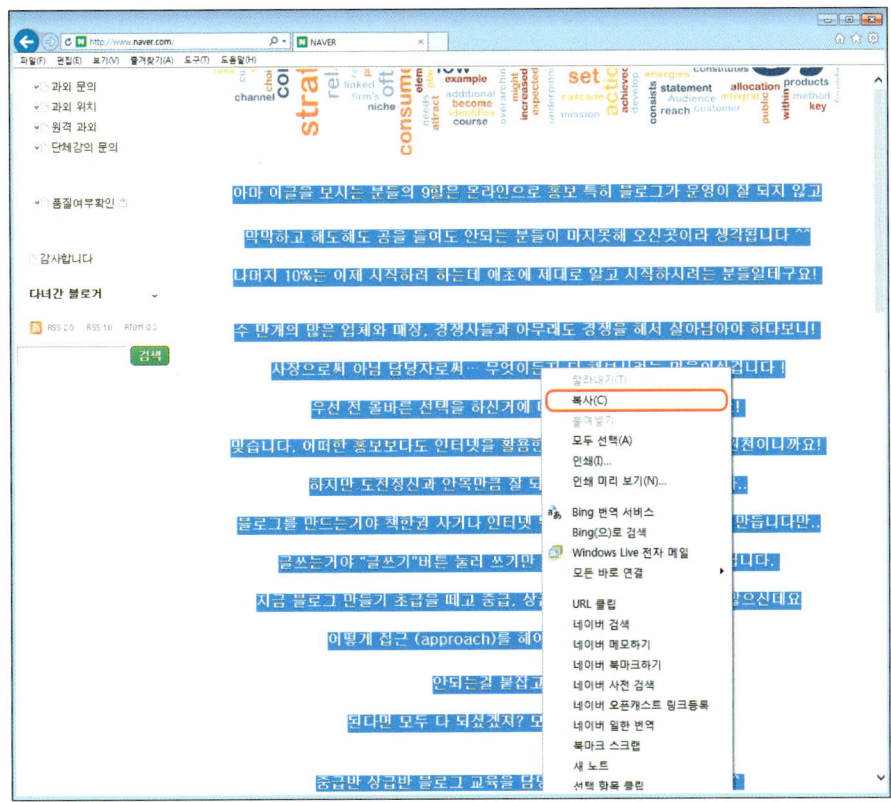

[마케터K의 루머 확인 시간] 웹(지식인, 웹문서, 카페, 블로그 등)의 글은 절대 복사해서 붙여넣어 포스트를 작성하지 않는다. 내가 기존에 작성했던 글들도 마찬가지이다.

하지만 미리 작성해놓은 글을 가지고 귀가 후 블로그에 올려 작성한다 해도 포스트 작성 후 반드시 해야 할 이웃소통 댓글작업은 미리 낮에 해놓을 수 없습니다. IP 주소 때문입니다. 이 방법은 퇴근 후 집에서 할애하는 블로그 시간 중 글 작성의 시간을 줄여줄 뿐 소통에 들어가는 시간은 줄일 수 없다는 단점이 있습니다.

글을 복사하고 붙여넣는 행위가 블로그 품질에 악영향을 주며 저품질에 빠지는 지름길이라는 루머가 있습니다. 이는 모든 복사-붙여넣기에 해당되는 것이 아닌 다른 사람이 웹상에서 작성한 글을 복사해서 붙여넣는 행위를 말하는 것이고, **문서작성 프로그램에서 직접 써놓은 글을 복사해서 붙여넣는 것은 해당되지 않습니다. 전혀 문제가 되지 않습니다.**

또 이러한 루머가 근거 없이 퍼져 결국에는 '글을 작성하는 시간을 검색사이트의 블로그 엔진이 파악하고 그 시간이 짧을수록 포스트가 노출되지 않는다. 글은 오래 써야 한다.'라는 루머도 퍼지게 되었는데 현재까지는 전혀 해당되지 않습니다.

② 구글 크롬 원격제어를 이용한 방법

[크롬 아이콘]
검색엔진에서 크롬을 검색하면 쉽게 찾을 수 있고 다운로드 또한 매우 간편하다.

구글의 웹브라우저인 크롬의 원격제어 서비스를 이용한 방법의 장점은 외부에서 인터넷만 된다면 가볍게 우리 집 PC에 연결하여 블로그 및 대부분의 작업들을 실행할 수 있다는 것입니다.

크롬이란? 마이크로소프트의 윈도우에 기본 탑재되어 있는 인터넷 익스플로러처럼 구글의 웹브라우저는 크롬이다. 윈도우 PC에서도 당연히 크롬을 설치할 수 있으며 따로 팝업이나 설정변경이 없이 편하게 사용할 수 있다.

조건이 있다면, 첫 회 딱 한 번 우리 집 PC와 내가 외부에서 사용하는 PC와 연동시켜 인증해주어야 하고, 집 PC를 원격으로 사용하고 싶다면 동시간대에 집의 컴퓨터 전원이 켜져(On) 있어야 합니다. 귀찮지만 한 번만 세팅하면 다음부터는 매우 손쉽게 사용할 수 있고 이웃소통까지 외부에서 할 수 있어 현재로서는 퇴근 후 블로깅의 완벽한 대체수단입니다.

그렇다면 처음에 조금 번거로울 수 있는 PC 원격접속 연동법에 대해 알아보겠습니다. 많은 분들이 공감하실 만한 상황 설명을 위해 윈도우 7을 사용하여 집 PC와 개인용 노트북을 연동하는 법을 알아보겠습니다.

Step 1 제일 먼저 해야 하는 것은 구글 이메일 계정 생성입니다. 개설한 이메일은 기본적으로 본인 ID@gmail.com이라는 주소를 갖게 됩니다.

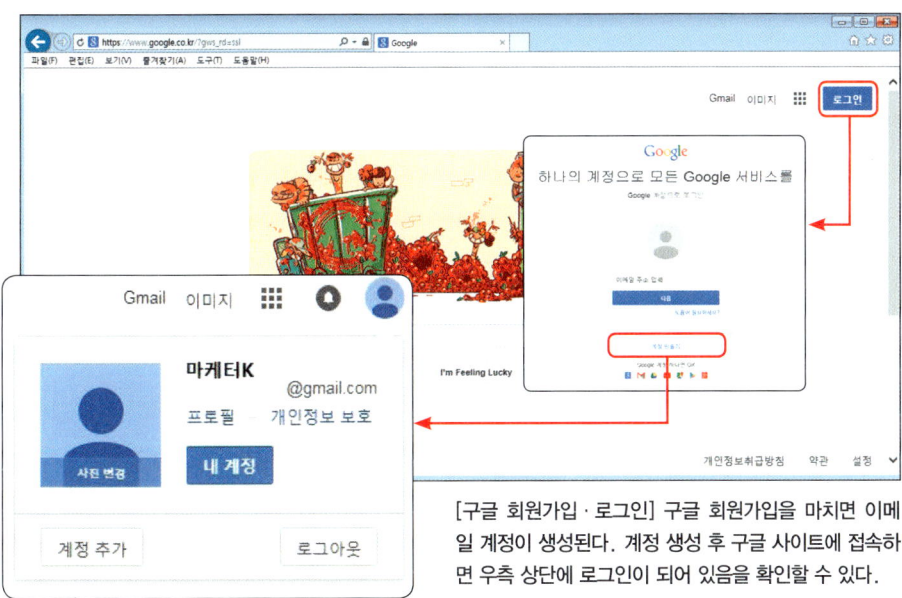

[구글 회원가입·로그인] 구글 회원가입을 마치면 이메일 계정이 생성된다. 계정 생성 후 구글 사이트에 접속하면 우측 상단에 로그인이 되어 있음을 확인할 수 있다.

Step 2 크롬을 검색한 후 다운받습니다. 혹은 주소창에 www.google.com/chrome을 입력하여 바로 이동해도 됩니다.

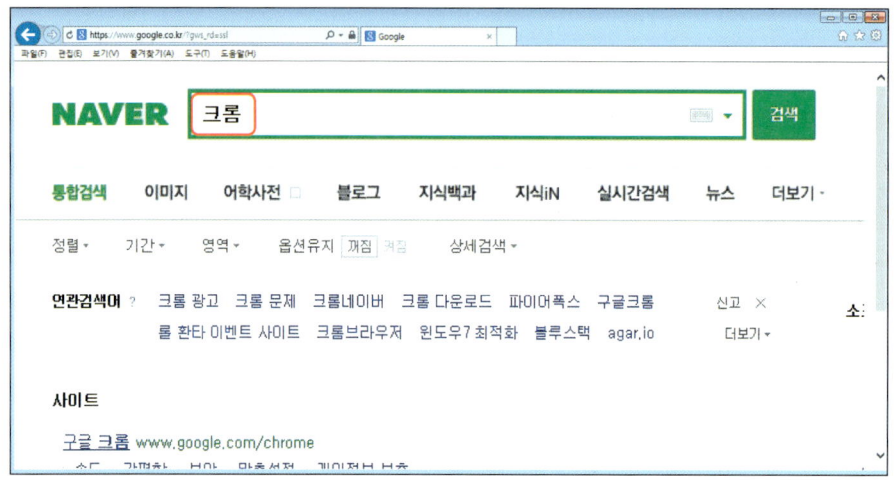

[네이버에서 크롬 검색] 크롬을 검색하여 크롬을 다운로드할 수 있는 사이트로 이동한다.

[크롬 브라우저 탐색하기] 구글 크롬 사이트에 들어가면 Chrome 다운로드 버튼을 쉽게 찾을 수 있다.

Step 3 두 PC에 크롬을 설치하고 크롬 웹스토어로 들어가 원격제어로 검색한 후 맨 위의 Chrome 원격 데스크톱을 다운받습니다.

[크롬 웹스토어] 크롬을 실행한 후 검색엔진에서 크롬 웹스토어를 검색한다.

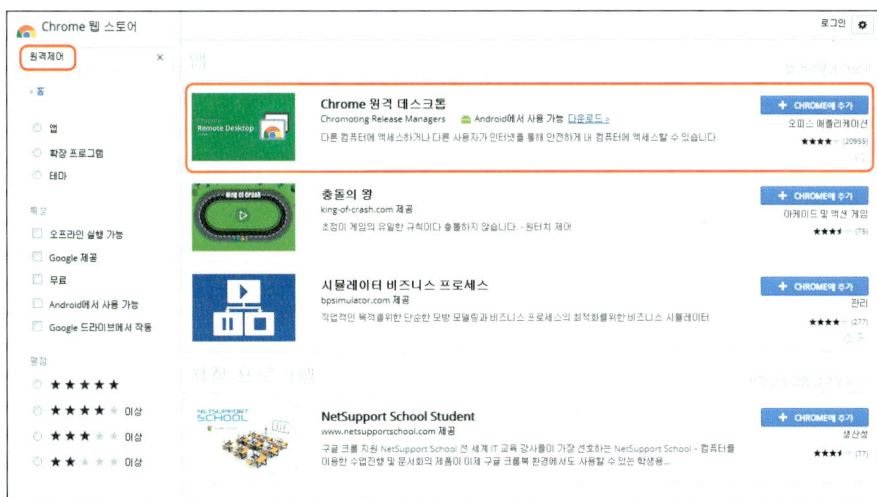

[크롬 웹스토어 원격 제어] 크롬 웹스토어에 들어가면 검색창에서 '원격제어'를 검색해 제일 위에 나오는 Chrome 원격 데스크톱을 다운받는다.

Step 4 다운로드를 받으면 크롬 앱 실행기가 컴퓨터에 설치됩니다.

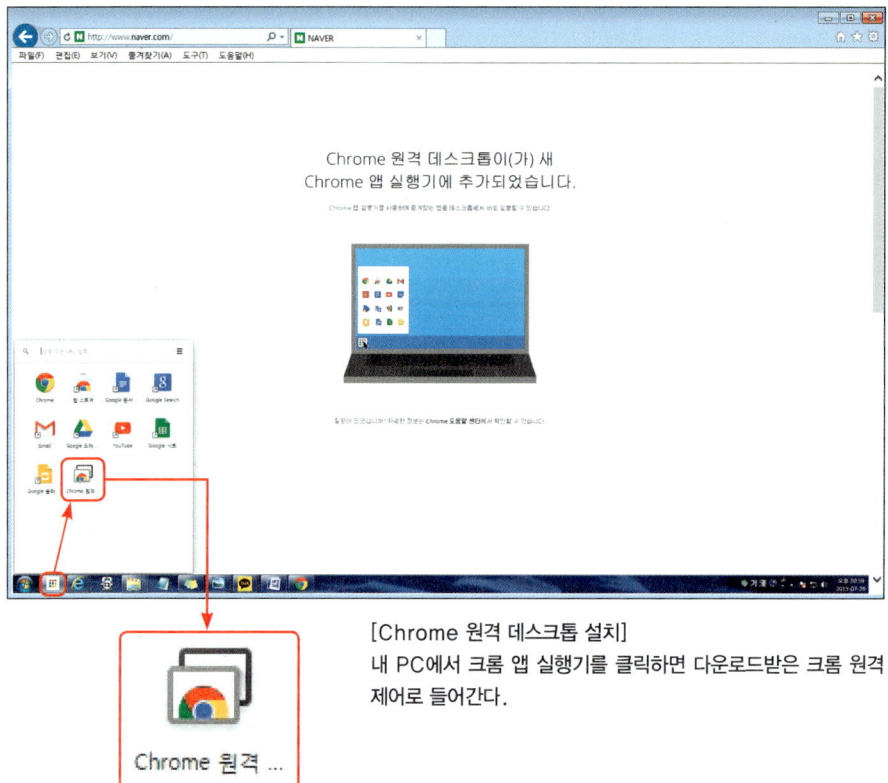

[Chrome 원격 데스크톱 설치]
내 PC에서 크롬 앱 실행기를 클릭하면 다운로드받은 크롬 원격 제어로 들어간다.

Step 5 이제 PC와 PC간의 액세스 권한 승인을 한 번 해주고, 권한을 요청하는 창에 동의 버튼을 눌러줍니다. 그러면 다음 사용부터는 따로 설정해주지 않아도 자동으로 연결됩니다.

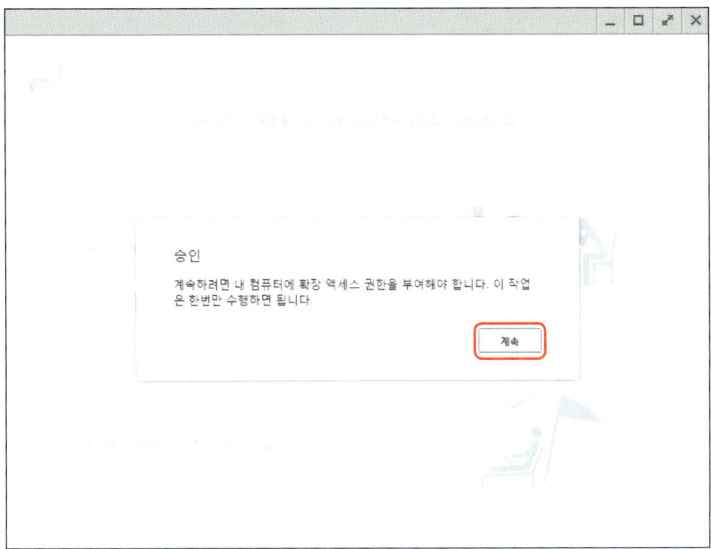

[크롬 앱 실행기가 컴퓨터에 설치된 화면] 계속 버튼을 눌러 승인절차를 진행한다.

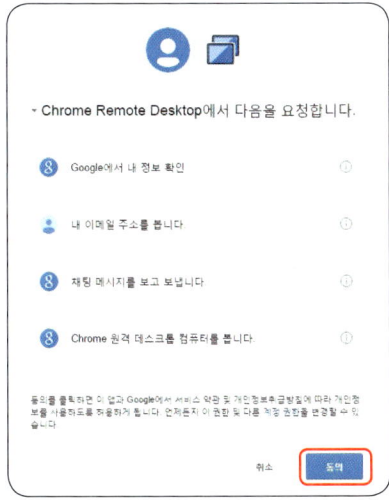

[권한 요청] 동의하기를 누른다.

Step 6 이후에는 원격지원, 초록색 공유버튼을 눌러 숫자로 된 액세스 코드를 받고 원격접속을 한 컴퓨터에서 이 코드를 입력하면 됩니다.

[액세스 코드 받기] 입력할 액세스 코드를 받는다.

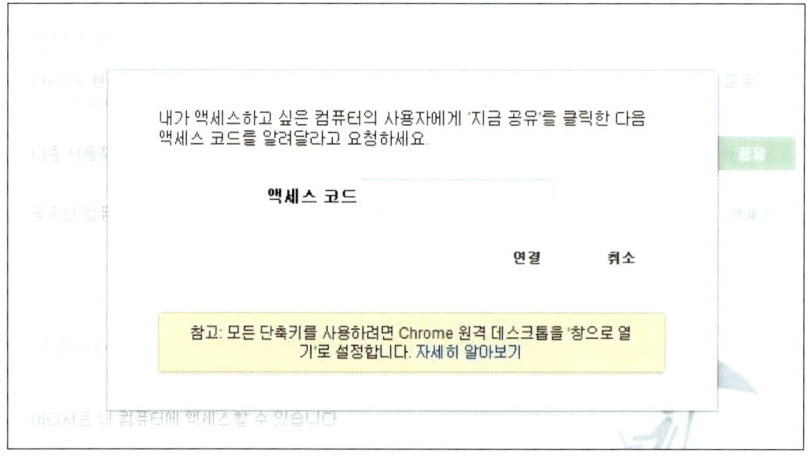

[액세스 코드 입력] 위에서 받은 액세스 코드를 공유할 컴퓨터에 입력한다.

개인적으로도 많이 활용하고 있는 구글 크롬 원격시스템입니다. 원격이라 굉장히 느릴 것 같지만 반응이 꽤 빨라 쓸 만해서 속도에 대한 단점은 거의 없습니다. 꼭 블로그뿐만 아니라 공인인증서가 집 컴퓨터에 있어 일을 못 본다든지 회사에 파일을 두고 와 집에서 살펴볼 수 없다든지 하는 상황에서 굳이 시간 내서 회사나 집을 오갈 필요 없이 한 번에 해결되기 때문에 아주 유용하게 쓸 수 있습니다. 사용해본 결과 단점으로는 가끔 키보드 단축키나 한/영 한자 전환이 되지 않는다는 것과 환경에 따라 가끔 키보드에러가 있을 수 있다는 것이 있습니다.

♛ 저품질 블로그는 과감하게 포기하라

저품질을 복구할 가능성은 상당히 희박합니다. 또한 막대한 시간과 정성을 쏟아부어야 합니다. 결국 아주 오랜 시간을 투자해도 복구 가능성은 30% 미만이기 때문에 저는 수강생들과 독자들에게 다시 새로 키우는 것을 추천해드립니다.

저에게 수업을 받은 수강생들 중 인터넷에 떠도는 거짓 루머들로 인해 3개월 혹은 6개월 이상 '이미 죽은 블로그'에 정성을 쏟아부은 경우를 많이 보았습니다. 마치 이미 썩어버린 씨앗을 땅에 묻고 열심히 물을 주고 비료를 주는 것과 같은 상황입니다. 이러한 피해가 앞으로는 없었으면 좋겠습니다.

대표적인 루머로는 '꾸준히 일상 글을 두어 달 포스팅했더니 블로그가 살아났어요.'입니다. 경험상 살아나지 않는 경우가 70% 이상이며, 그 두어 달 포스팅에 쏟아붓는 노력과 시간으로 오히려 새로운 블로그를 키우는 것이 더 확실

합니다. 결론적으로 저품질을 살리려 노력하기보다는 새로 키우는 것이 훨씬 현명한 방법입니다.

♛ Help me! 다시 시작하려면 얼마나 걸리나요?

수강생들이 자주 문의하는 질문 중 하나는 '블로그를 새롭게 다시 시작하려면 시간이 얼마나 걸리나요?'입니다.

많은 분들이 빨리 광고를 진행해서 매출을 끌어올리고 싶은 바람을 가지고 계실 겁니다. 그 바람, 저도 충분히 이해합니다. 블로그를 운영하셨다가 저품질에 걸린 분들은 그동안의 시간과 노력을 다시 들여야 한다는 생각에 덜컥 겁부터 먹기 마련입니다. 보통 3~4개월 이상 오래 걸릴 것이라 생각하지만 꾸준함만 간직한다면 그 기간은 예상 외로 짧습니다. 저는 블로그를 다시 시작하는 것을 두려워하지 말라고 말씀드리고 싶습니다. 기존에 블로그 운영으로 매출의 전성기를 누려왔던 분들이라면 알 것입니다. 그 굉장한 반응을! 그 당시 매출을!

이젠 저와 이 책으로 다시 시작하게 되었으니 그 전성기 시절의 두 배, 세 배 이상의 매출을 목표로 하십시오!

1) 미리 작성된 포스팅은 구매하지 말라

여러분께 희소식이 있습니다. 시중에 떠도는 루머 중에서 '80~100개 이상의 글이 내 블로그에 누적되어야 비로소 최적화가 되기 시작하며 노출이 된다'는 말이 있지요. 이건 잊으셔도 됩니다. 심지어 이 점을 이용해 미리 작성된 포스트만을 판매하는 분들도 있습니다. 즉 미리 써놓은 노래나 시사를 주제로 한 포스트 100개를 4~6만원에 판매하는 분들입니다. '하루에 오로지 3분 투자! 블로그 상위노출 도와드립니다'라는 광고 댓글이 달리는 경우도 종종 보게 됩니다. 이렇게 포스트를 판매한다는 글을 주변에서 많이 찾아볼 수 있습니다만 제대로 롱런하는 블로그를 만들려면 절대로 다른 사람이 미리 작성한 포스트를 구매하지 않길 바랍니다.

그들은 구매한 글을 하루 3개씩 20일 이상을 복사, 붙여넣기하여 블로그에 올리라고 합니다. 그러면 블로그의 품질이 좋아진다고 하더군요. 실험해본 결과 저 글들을 올리고 내가 원하는 광고를 하면 낮은 난이도의 키워드 글이 며칠간은 광고가 됩니다만 그 후 일주일도 못 가서 오히려 저품질에 걸리는 사례가 자주 발생했습니다. 그들이 광고하는 대로 하루 3분 투자는 말이 되지 않습니다.

	보낸사람	내용
	g	BLOG로 1개월에 사십(40)만원 수입 올리는 방법 알려드릴께요!! 광고글 맞습니다!!
	sos	블_로_그 최_고_가★[매_입]__[임_대]★ 전문 입니다 블_로_그 최_고_가 매_입 or
	성자	>블*로*구*카*페ㅣ 대여 판-매 '문'의★ 저눙~블로구 미→ ㅋㅔㅣㅓ 입니
	전	안녕하세요 ^^ 저희는 광고대행사입니다. 다름이 아니오라 블로거님의 블로그를함
	김선	안녕하세요~ Blog보고 문의드립니다! 운영하고 계시는 Blog에 리뷰 문의를 드릴까
	홍승	안녕하세요 ㅎㅎ 다름이 아니라 포스팅 알바건으로 연락드렸어요 불편하셨다면 죄
	d	안녕하세요 ㅎㅎ 다름이 아니라 포스팅 알바건으로 연락드렸어요 불편하셨다면 죄
	김	님의 아이디를 렌탈하고 싶습니다. 저희는 영어인강사이트를 운영하는 법인 회사…
	주원	안녕하세요^^훔네요! 이제 곧 새해가 오는데요~~ 다름 복 많이 받으시고요~ 오늘…

[블로그 판매 행위 1] 남의 명의로 된 블로그를 사고파는 행위가 이루어지고 있다.

[블로그 판매 행위 2] 각별히 주의해야 하는 블로그 판매 행위

블로그는 소통의 공간입니다! 적어도 1시간 30분 정도는 투자를 하셔야 합니다. 그리고 남이 쓴 문법도 맞지 않는 엉터리 글들로는 남들에게 공감과 댓글을 끌어내지 못합니다. 또한 나에게만 판매한 글이 아닐 테이니 유사문서에 걸릴 확률도 높습니다. 위의 사진처럼 많은 분들이 피해를 보고 있습니다. 블로그 운영이 잘 안될수록 이런 글들에 유혹되겠지만 그럴수록 더욱더 주의해야겠습니다.

2) 기존 블로그를 리모델링하라

저품질에 걸린 것을 과감히 버리고 블로그를 새롭게 만들고 나면 평균 10일 후 천천히 노출되는 기회의 창이 열리기 때문에 새로 시작하는 것을 터무니없이 힘든 여정으로 생각하지 않길 바랍니다. 하지만 기존의 저품질에 걸린 블로그가 너무너무 아깝다면 저는 오히려 이런 방법을 추천해드립니다. 광고용 키워드와 일반 키워드들로 이루어져 있었던 기존 블로그에 들어가서 광고성 키워드를 제외한 모든 일반 글들을 지웁니다. 그렇다면 광고글들만 남게 되었죠?

그럼 이제 새로운 블로그로 새 출발을 하시게 될 텐데요. 원하는 광고 키워드는 새로운 블로그로 상위노출하면서, 작성할 새 블로그의 포스트에서 기존의 블로그 주소나 명칭을 링크 혹은 사진으로 알려주어 간접적으로 전의 광고 블로그로 유입시켜 원하는 정보를 보게끔 하는 겁니다.

그렇다고 해서 전에 운영하던 블로그가 살아나지는 않습니다. 또한 매번 새 블로그에 링크를 거는 행위는 바람직하지 못합니다. 기존의 블로그는 내버려 두거나 삭제해버리지 말고 아예 광고용 포스팅만을 올리는 쪽으로 광고 전용으로 만드신 다음 네이버 검색광고(파워링크)에 등록하는 방법도 좋습니다.

3) 네이버 검색광고를 적극 활용하자

네이버 검색광고(파워링크)는 사이트뿐만 아니라 블로그도 등록 가능하며 처음에 등록할 때 돈이 크게 들어가지 않습니다. 물론 클릭당 비용을 지불하기 때문에 검색어마다 가격이 천차만별입니다. 또한 업종과 분야에 따라 사업자등록증 등 구비 서류가 필요하기도 합니다. 하지만 불가능한 것들이 아니니 준비하여 등록하고, 이를 계기로 하여 좀 더 대중에게 다가가는 업체로 거듭나야겠습니다.

블로그를 개설하고 꾸미고 이웃을 맺으며 글을 쓰는 행위는 참으로 쉽습니다. 이것은 운영의 일부분이지만 분명 저품질에 걸릴 확률을 낮게 함과 동시에 블로그의 품질을 높입니다. 이 두 가지 방법이 기본 중의 기본입니다. 피할 것은 피하면서 정성스럽게 노출성을 띤 글 작성과 이웃과의 소통, 이것이 바로 진정한 운영의 묘미라고 할 수 있습니다.

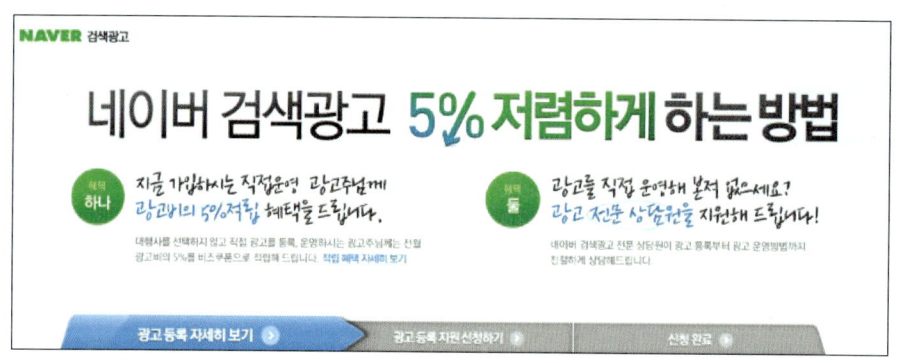

[검색광고] 네이버 검색광고(파워링크)는 사이트뿐만 아니라 블로그도 등록이 가능하다.

Lesson 25

노출을 극대화시키는 포스팅 노하우: 블로그로 돈을 벌어보자

포스트 쓰기 버튼

그럼, 여러분이 궁금해 하실 글 쓰는 방법에 대해 살펴보겠습니다. 제일 먼저 주의해야 할 사항으로, 앞에서 말씀드렸던 것처럼 **이미 작성한 글의 삭제와 수정은 권해드리지 않습니다.** 또한 **성인 관련 글이나 의미 없이 불가능한 실시간 검색어만을 적는 것도 절대 추천하지 않습니다.** 이제부터 광고 관련 글을 쓸 거라면, 광고와 무관한 일반 글들도 적절하게 배치하여 과다 광고성 블로그의 느낌이 들지 않도록 해야 합니다.

♛ 제목에 키워드를 반드시 넣자

블로그에는 어떠한 글을 써도 상관없지만 해당 글이 노출되기를 원한다면 아무렇게나 작성해서는 안 됩니다. 특정 키워드는 본문 안에 6개 이상 들어가지 않게 합니다. 또한 적절한 양의 사진이 들어가야 하는데, 평균적으로 4~6개 정도를 추천합니다.

사진은 매번 포스팅할 때마다 들어가며, 사진 개수도 무시하지 못하기 때문에 어딜 가든지 항상 사진 찍는 습관을 들이는 것이 중요합니다. 또한 매번 컴퓨터에 앉아 오늘 어떤 글을 쓸까 고민하는 것보다는 원하는 검색어나 주제를 미리 잡아놓고 스케줄링을 하여 그날그날의 블로그 운영시간을 줄이는 것이 롱런의 밑거름이 됩니다.

👑 자동완성, 추천검색어, 연관검색어를 이용해서 키워드 찾기

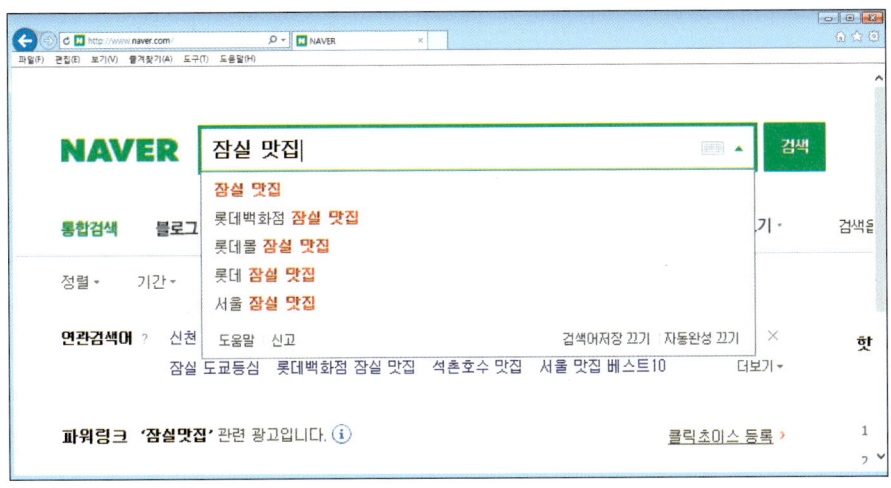

잠실 맛집을 찾아보면 다양한 자동완성 키워드가 표시된다.

우선 내가 원하는 키워드를 골라야 합니다. 레슨 22에서 말씀드렸던 것처럼 **'자동완성' 기능과 '추천검색어' 그리고 '연관검색어'에서 사람들이 많이 찾는 키워드를 추려내는 게** 제일 먼저 해야 할 일입니다. 키워드가 포괄적일수록 경쟁률은 당연히 높고 난이도 역시 높을 수밖에 없습니다.

예를 들어 '천호동 예쁜 옷가게'보다는 지역 특성상 천호동보다 인기가 좋은 '홍대 예쁜 옷가게'가 공략 난이도가 훨씬 높다고 보면 됩니다. 또한 이 키워드는 글의 제목과 본문 안에 무조건 들어가야 합니다.

① 일반글(= 일상글)

일상글은 광고성이 없습니다. 예를 들어 오늘 있었던 데이트, 일기, 날씨 등등의 내용으로 무엇을 광고하는 글이 아니라 정말로 일상적인 신변잡기 글들입니다.

② 광고글

광고글에는 내 매장이나 브랜드가 들어가게 되며 전화번호나 지도, 상품구매 사이트 등 노골적으로 구매를 유도합니다.

광고글과 일반글의 비율은 일반글이 높아야 하며, 매번 제품이나 음식점 리뷰만 적으면 저품질에 걸리기 쉽습니다. 리뷰에 해당 사이트의 링크를 넣는다거나 후기에 별점 5점 만점이 아닌 솔직한 경험담을 담더라도 마찬가지입니다.

♛ 제목과 사진 넣기

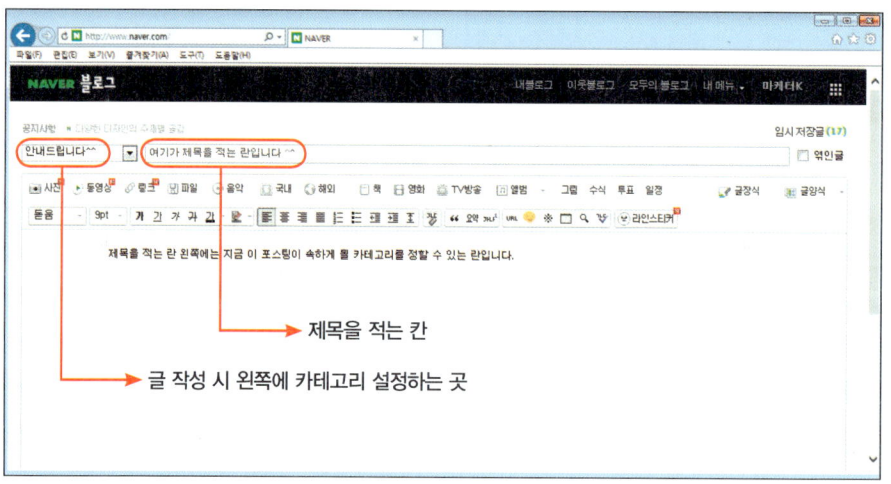

제목은 검색어를 포함하여 씁니다. 단순하게 쓰지 말고 흥미와 관심을 유발할 수 있게 작성해야 합니다. 비록 내 글이 지금 3등을 할지언정 1등과 2등의 포스트 제목보다 사람들에게 더 많은 흥미를 유발하고 관심을 가질 수 있게 작성한다면 더 많은 이들을 내 블로그로 유입시킬 수 있습니다. 이는 블로그 지수에 큰 영향을 미칩니다. 또한 3등이었던 내 글의 인기가 높아져 조만간 2등, 1등을 하게 되는 경우도 종종 발견할 수 있을 겁니다.

1) 제목에 반드시 키워드를 넣자

제목에 검색어가 포함되지 않으면 상위노출될 확률이 매우 낮습니다. 정말 난이도가 낮은 검색어의 경우는 노출이 가능하지만, 키워드를 제목에 써서 나쁠 것은 전혀 없으므로 항상, 그리고 반드시 써주는 습관을 들여야 합니다. 그리고 제목란 왼쪽에서 어느 카테고리에 이 글을 포함시킬지 정합니다. 한 번 A라는 카테고리에 넣고 차후에 B라는 다른 카테고리로 옮길 수는 있지만, 이렇게 이미 작성한 글을 자주 수정하는 행위는 좋지 않습니다.

2) 본문 글 안에 사진은 필수

툴의 좌측에 위치한 사진 넣는 버튼을 누르면 화살표와 같이 팝업창이 뜬다.

본격적으로 글을 쓰기 위해 미리 구해놓은 사진을 본문 안에 첨부합니다. 포스팅을 본격적으로 하다 보면 사진을 편집하고 싶어지는 순간이 올 겁니다. 포스팅 시 사진 첨부란에 있는 기본 툴을 이용해도 문제는 없지만 다소 부족한 면이 있습니다. 포토샵이 어렵다면 포토스케이프라는 프로그램을 추천합니다. 포토스케이프는 사용하기 쉽고 제공하는 기본 툴 정도로도 충분히 블로깅에 활용할 수 있는 사진을 제작 및 편집할 수 있습니다.

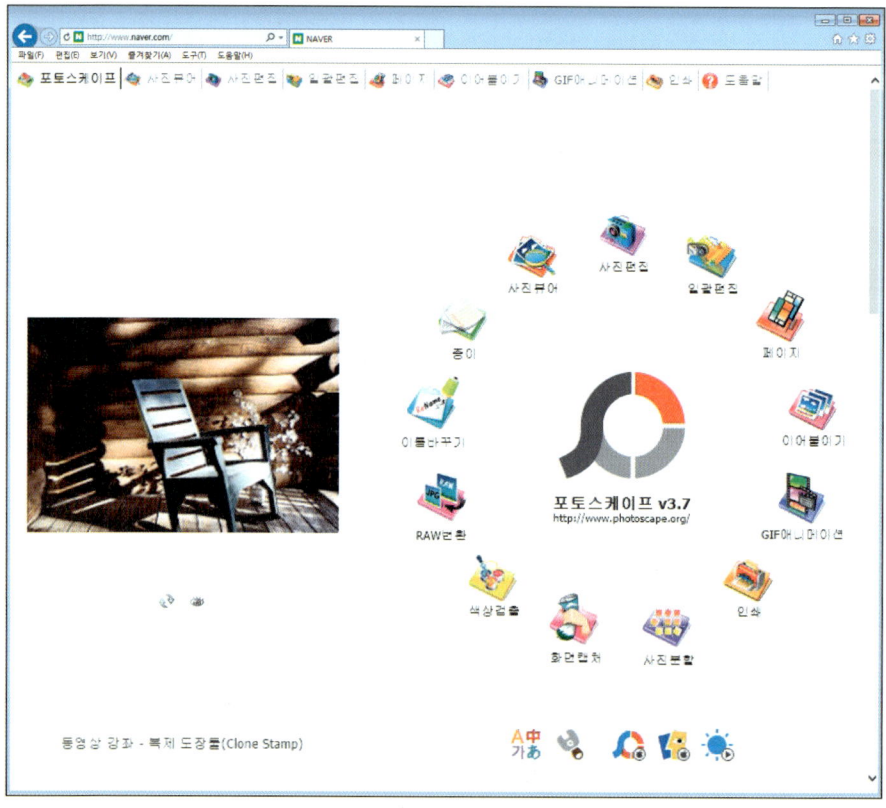

포토스케이프 실행화면

본문 글 작성, 동영상 파일 첨부 · 제작, 지도 넣기

1) 본문 키워드는 3개가 적당

이제, 본격적으로 본문을 작성합니다. 글은 원하는 스타일대로 쓰되 키워드는 적절한 개수가 들어가야 합니다. 글씨체는 전혀 상관없습니다. 크기는 10포인트 이상을 추천합니다. 사진과 글은 순서를 섞어 읽기 편하도록 작성합니다. 글 전체 길이는 짧지 않게 일기 쓰듯 작성하면 됩니다. 글을 다 적었다면 글꼴과 폰트크기를 조정할 수 있으며 컬러도 넣을 수 있고 정렬방식도 정할 수 있습니다.

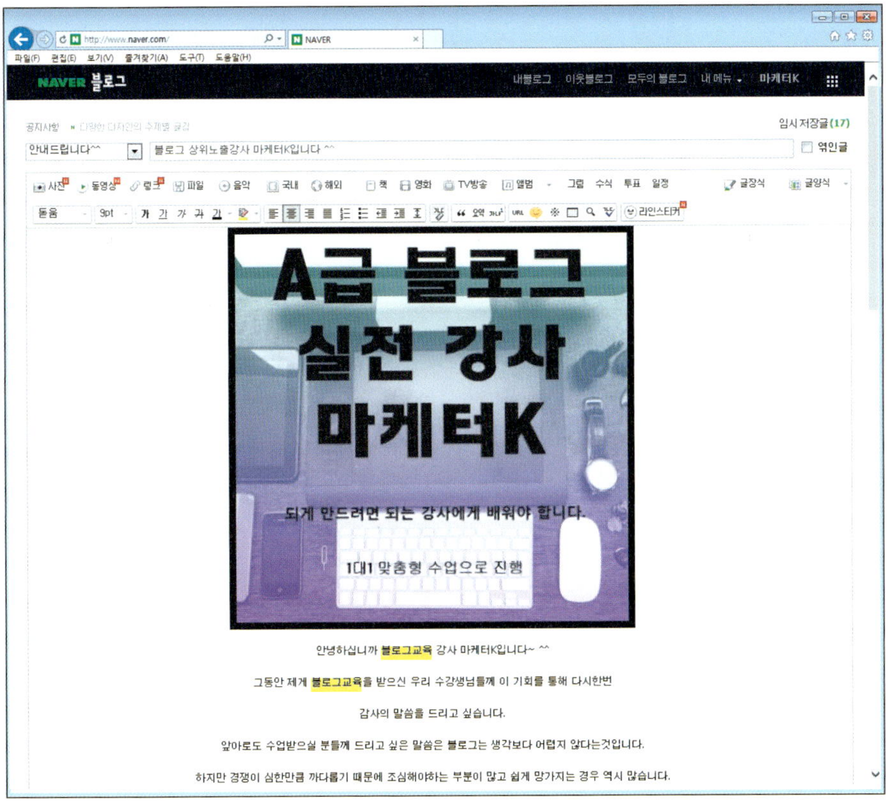

본문 안에 사진을 첨부하고, 키워드를 최소 1번 이상 포함한 글을 작성한다.

글쓰기 툴을 이용해 가운데 정렬, 글꼴, 폰트 크기와 색을 바꿀 수 있다.

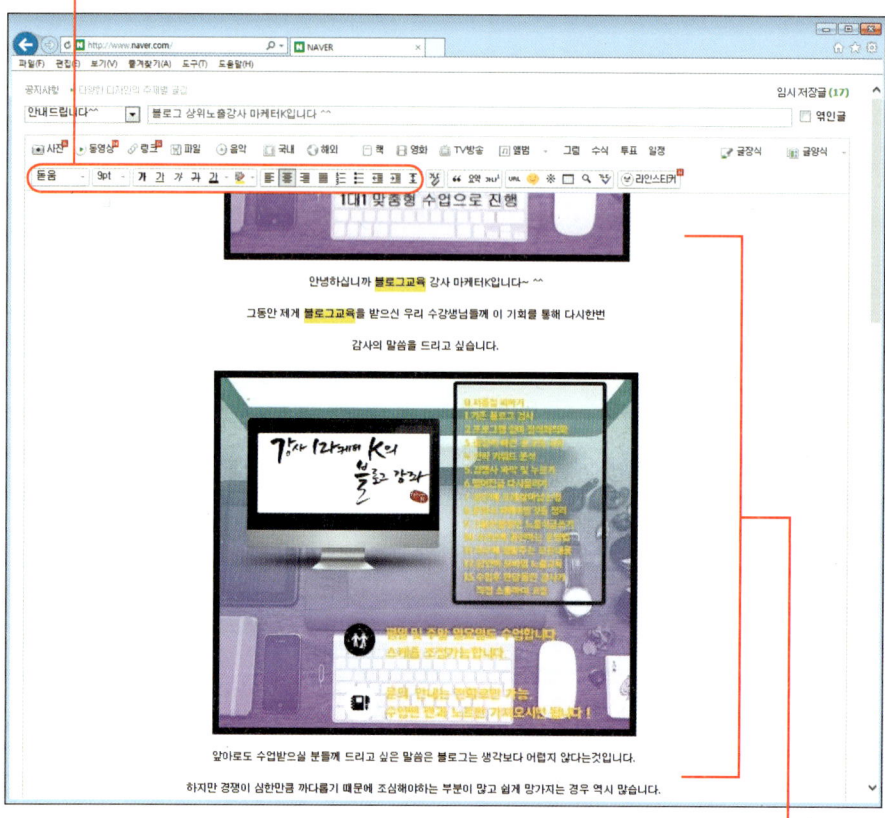

사진만 나열하고 밑에 글을 적은 포스트보다는 사진과 글이 번갈아가면서 작성된 포스트가 더 보기 좋다.

2) 동영상 파일 첨부 · 제작

동영상 파일이 준비된 경우 클릭 두어 번으로 간단히 넣을 수 있으며, 파일이 없다면 이미 올린 사진이나 새로운 사진으로 동영상 파일을 새롭게 만들 수 있습니다. 사진은 슬라이드 식으로 넘어가는 동영상으로 제작 가능하며, '알씨'라는 무료 프로그램으로 간단히 만들 수 있습니다.

'알씨'는 포털사이트에서 쉽게 검색되며, 최신 버전으로 다운로드받을 수 있습니다. 동영상 파일이 없어도 내가 가지고 있는 사진으로도 동영상을 만들 수 있기 때문에 편리하게 사용할 수 있습니다. 액자, 노래, 사진의 개수와 슬라이드로 넘어가는 시간까지 조절이 가능해 간단하면서도 깔끔한 동영상 제작이 가능합니다.

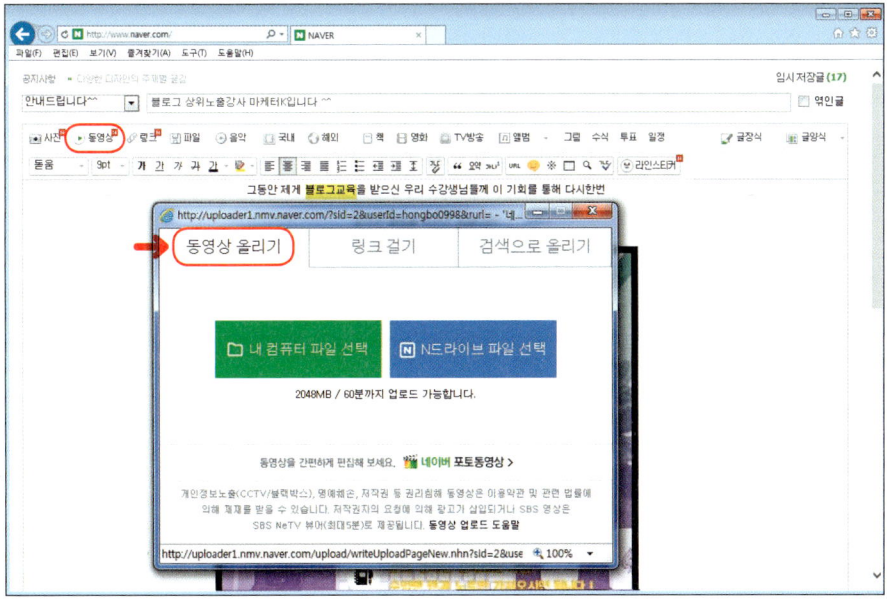

동영상을 첨부하는 버튼

01

[마케터K2] - 알씨 v7.65
파일(F) 편집(E) 보기(V) 도구(T) 서비스(S) 도움말(H)
크게보기 전체화면
페이스북
사진 보관함(B)
웹앨범(W)
동영상 만들기(M)
이미지 꾸미기(E) Ctrl+E
일괄 편집하기(B) F3
파일 이동(O)...
캡처하기...
회전하기(T)... Ctrl+T
포맷 변환하기(F)... Ctrl+F
크기 변경하기(R)... Ctrl+R
바탕화면 지정
그림판으로 내보내기
환경설정(C)... F4
즐겨찾기
바탕 화면
라이브러리
문서
비디오
사진
음악
pc
컴퓨터
네트워크
휴지통
down
Z통합코덱
마케터K2
책사진 노밑줄
마케터K
0_dffsd_150712

02

알씨 동영상 만들기
간편만들기
상세꾸미기
1 더 추가할 사진이 있으면 눌러보세요.
사진추가
2 배경음악을 골라보세요. (00:00:00)
여기에 음악을 넣어보세요.
3 사진 1장당 재생시간을 설정해보세요.
3 초
음악 재생시간에 균등하게 맞춤
음악을 넣어 더 멋진 영상을 만들어보세요
4 오프닝과 엔딩을 확인하고 적용해보세요.
(오프닝과 엔딩은 위치는 고정입니다)
적용
오프닝 2015.07.26
엔딩 ALSee Photo Movie
00:00:00 00:00:06
화면비율 와이드 (16:9) 전체사진위치 맞춤 이동과 확대축소 여백에 사진넣기
타임라인 (2장)
사진추가 새화면추가 삭제 전체삭제
도움말 ?
만들기

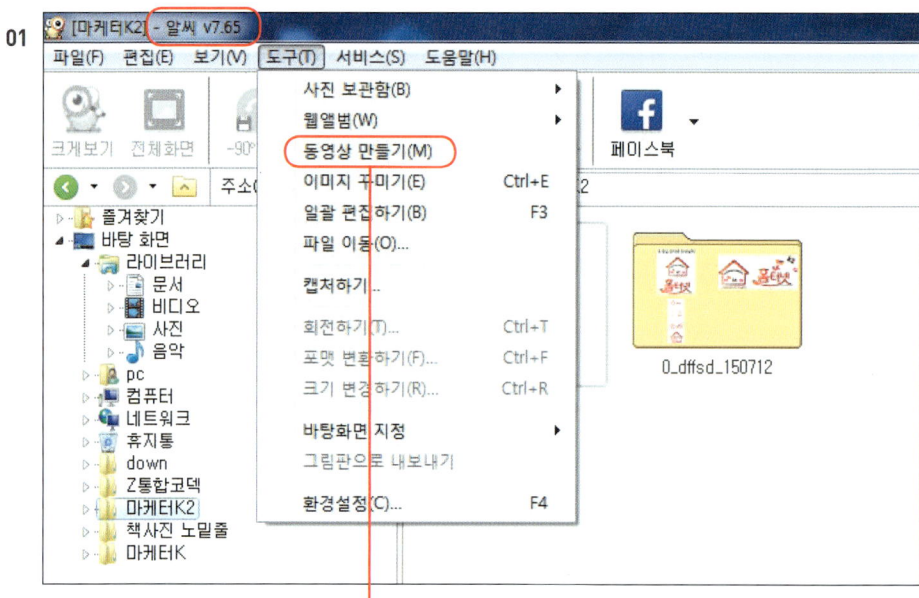

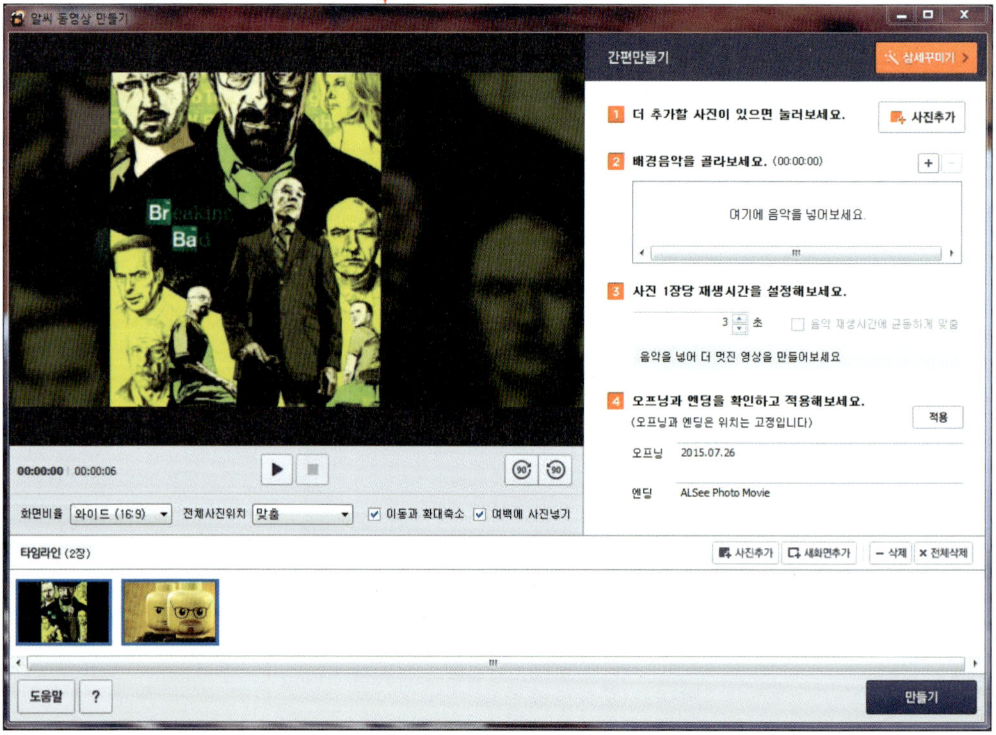

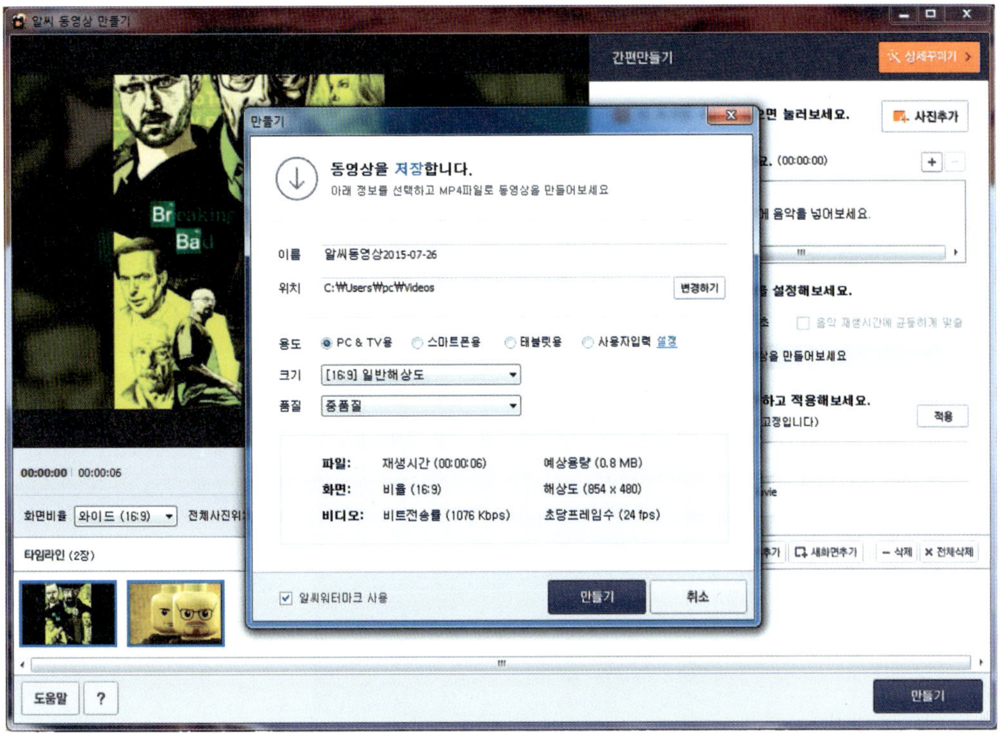

03

[사진파일만으로 조합해 동영상을 만드는 법]
01 '알씨'의 실행화면이다. 도구에서 동영상 만들기 버튼을 클릭해 실행할 수 있다.
02 동영상을 만들 재료(사진)를 첨부한다.
03 완성된 후 PC 혹은 다른 드라이브에 저장하고 포스팅 시 동영상 찾기 버튼을 눌러 첨부하면 된다.

3) 지도 넣기

내가 설명하는 곳 혹은 구매할 수 있는 장소를 사람들에게 알리고 싶다면 지도 기능을 이용하면 됩니다. 모바일이나 PC에서 보더라도 크게 보기 기능이 있으며 지도를 상하좌우로 움직여 주변을 볼 수 있습니다. 매우 간단하게 지도를 넣을 수 있습니다.

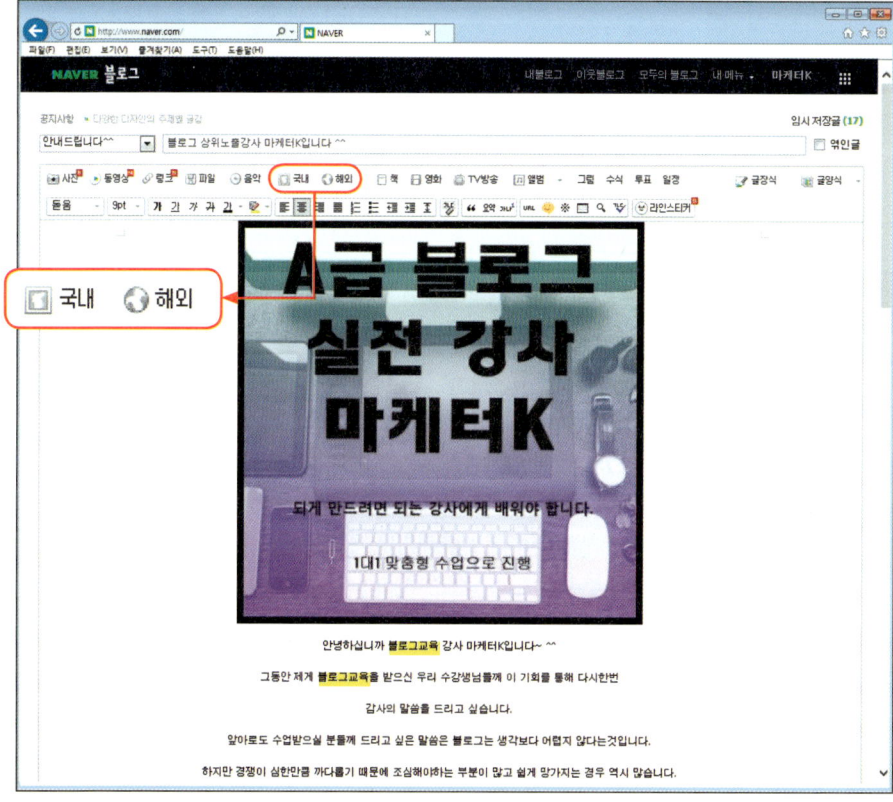

지도는 국내와 해외로 나누어져 있다.

동 이름과 번지수 혹은 장소의 이름을 검색하면 해당 위치에 화살표 표시가 나타나게 할 수 있다.

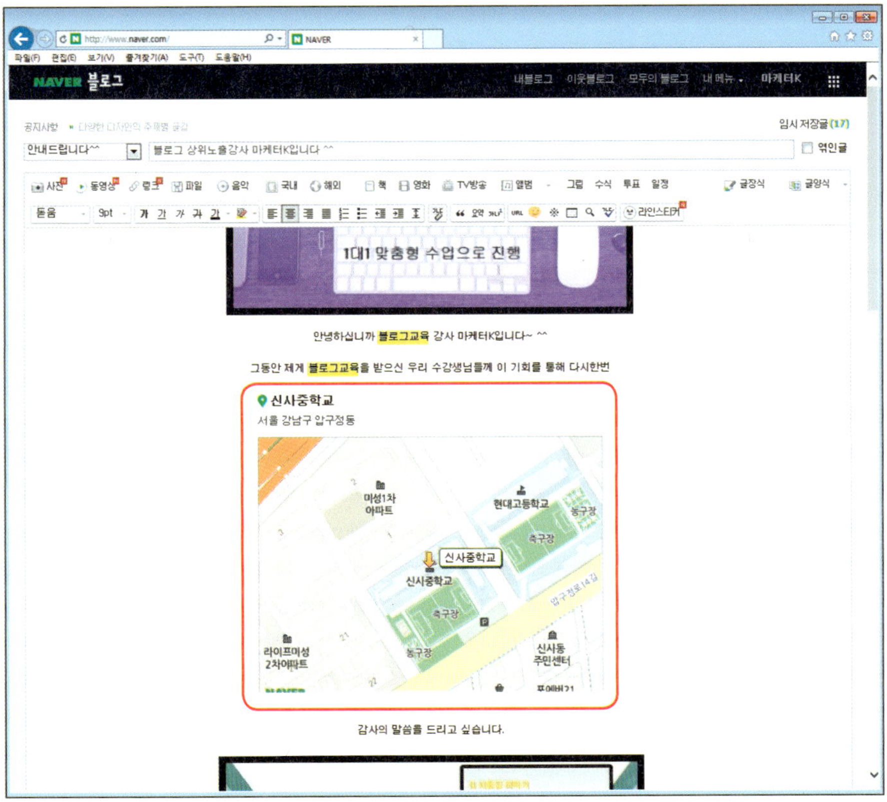

포스트에 첨부하면 이렇게 글과 사진 도중에 지도가 자연스럽게 위치하게 된다.

♛ 글 설정 및 예약하기

포스트창 바로 밑에 위치한 공개설정란이다. 전체공개로 해놓는 것을 추천한다.

예약버튼은 포스트 작성 시 가장 아래에 위치하며 예약 후 확인을 누르면 예약한 날짜와 시간에 자동으로 글이 올라온다.

본문을 다 작성하였다면 그다음에는 이 글을 지금 올릴 것인가, 예약을 하여 몇 시간 뒤 혹은 며칠 뒤에 올라오게 할 것인가를 결정해야 합니다. 노출을 원한다면 필수로 공개설정란에서 전체공개와 외부수집 허용 등을 설정해주어야 합니다. 이렇게 작성된 글은 전체보기에서도 확인할 수 있으며 해당 카테고리를 클릭해도 볼 수 있습니다.

약속이 있거나 몸이 아프거나 휴가를 가는 경우 예약버튼은 상당한 도움이 됩니다. 하지만 너무 먼 미래(예를 들어 한 달 후)의 글까지 예약해놓는 것은 노출성으로만 본다면 바람직하지 않습니다.

[실전 문제] 블로그에 다음과 같은 내용으로 포스팅을 해보세요.

키워드: 홍대 맛집   사진: 6장   본문 안 키워드: 6개

전체 공개 및 외부수집: 허용   예약 설정: 한 달 후 오늘

❶ 실제 글을 적어보는 란 ❷ 공개설정 란 ❸ 예약버튼 란

👑 유튜브 동영상을 올려보자

유튜브 동영상을 글에 넣는 것이 일반 동영상 파일을 첨부하는 것과 같다고 생각하는 분들이 의외로 많습니다. 비록 동영상처럼 재생되지만, 유튜브는 그냥 링크일 뿐입니다. 우리가 웹상에서 접하는 유튜브 동영상은 링크를 타고 유튜브에서 재생되는 것입니다. 즉 PC나 다른 디바이스에 있는 동영상을 올리는 것과는 다릅니다.

포스트에 유튜브 동영상을 첨부하는 것은 그만큼 포스팅 자체의 무게를 높여 좀 더 좋은 품질의 글을 완성하는 데 목적이 있기 때문에 노출 극대화와는 상관이 없습니다. 하지만 노래나 설명 등을 위하여 올리는 경우를 살펴보겠습니다.

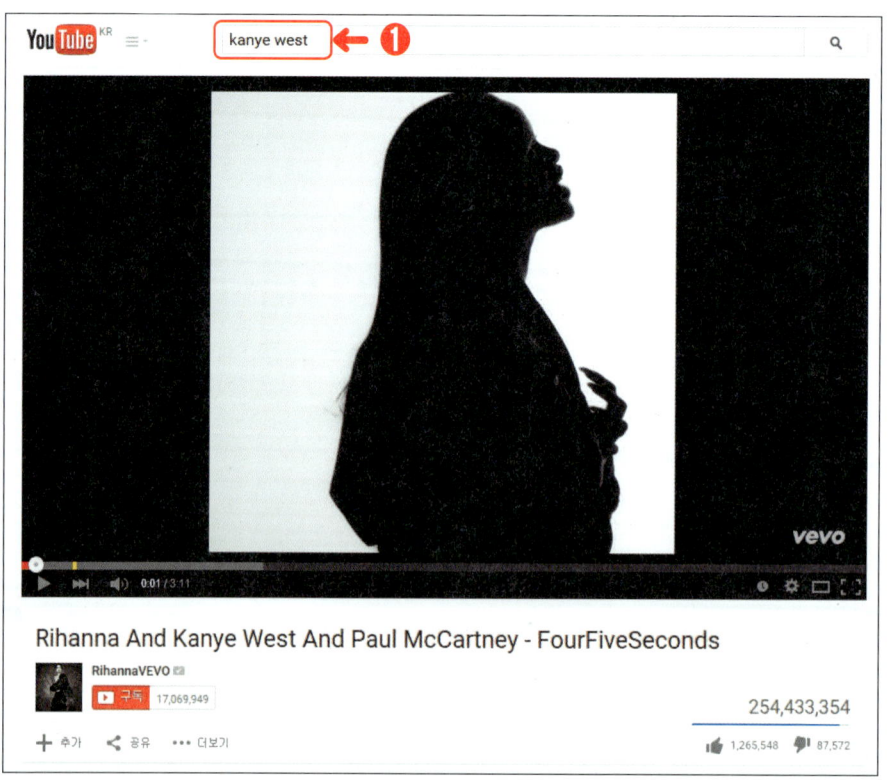

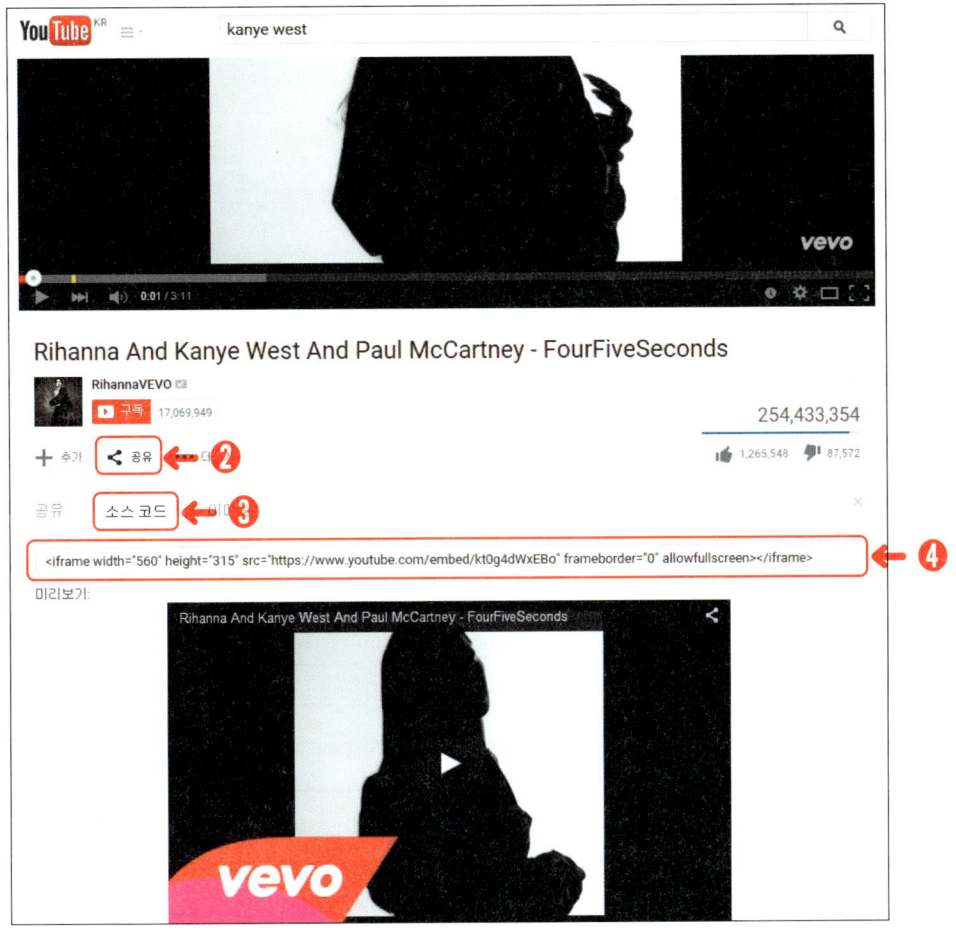

먼저 유튜브에 들어가 ❶ 노래나 가수 등의 키워드를 검색한 후 제목 아래의 추가 버튼 옆에 ❷ 공유 버튼을 누릅니다. 그러면 공유 / 소스 코드 / 이메일 이라는 버튼이 나옵니다. 우리가 이 동영상을 블로그에 퍼가기 위해선 ❸ 소스 코드를 클릭합니다. 그리고 ❹ iframe으로 시작되는 링크주소가 나오는 것을 모두 복사(Control + C)합니다.

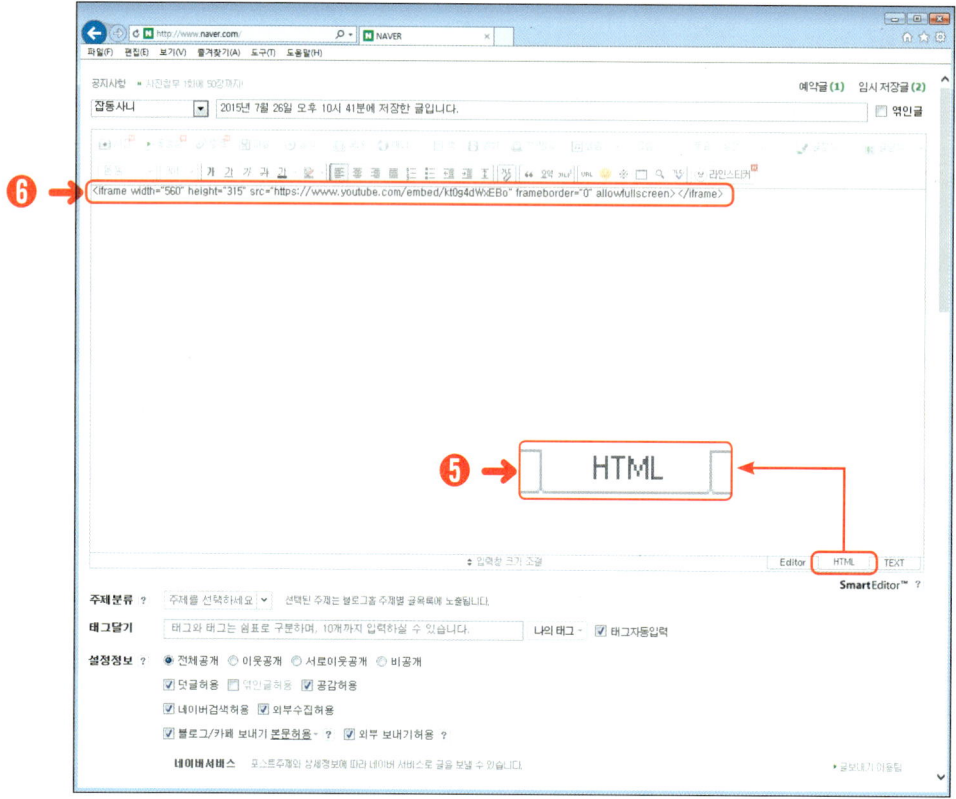

그리고 글 작성 공간으로 돌아와 동영상을 넣고자 하는 곳을 클릭한 후 우측 하단의 Editor / HTML / TEXT 중 ❺ HTML을 누르고 붙여넣기(Control + V)를 합니다. 그러면 공간에 ❻ 조금 전에 유튜브에서 복사한 링크가 나옵니다.

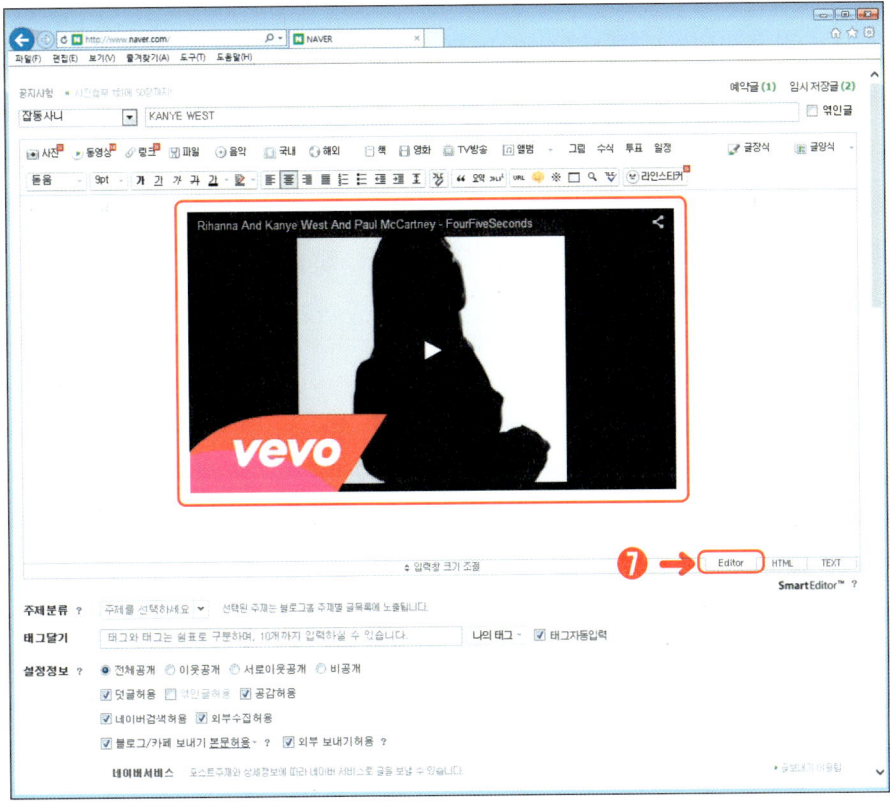

❼ 다시 Editor를 누르면 원하는 공간에 동영상이 올라와 있는 모습을 볼 수 있습니다.

♛ 광고글 희석시키는 글 쓰기

1) 광고의 수를 최소화하고 다른 주제의 일반 글을 섞어 쓴다

수천만 개의 블로그 포스트 중에서 가장 많은 주제가 바로 '먹는 것'이 아닐까 생각합니다. 그중에서도 요리에 관심이 있으신 분 그리고 맛있는 음식을 좋아하시는 분들의 맛집 소개글이 대다수일 텐데요. 맛집 블로그를 운영하는 것은 그만큼 광고성 블로그로 낙인을 찍힌 상태로 운영할 수밖에 없다고 인지하고 시작해야 합니다.

아무래도 '맛집, 추천'이라는 키워드 자체가 난이도도 높을뿐더러 저품질로 찍힐 수 있는 요소가 일반 블로그보다 높습니다. 그렇기 때문에 매번 제목과 포스트 본문마다 **'맛집'이라는 단어를 많이 반복하여 쓰지 않도록 주의해야 합니다.**(써야 한다면 최소한으로 줄이는 수밖에 없습니다.)

또한 다른 주제의 일상글과 일기글(노출을 위한 키워드가 본문에 반복되지 않는 글) 등을 맛집과 맛집 글 사이에 작성하여, OO동 족발, OO동 삼겹살 맛집, OO동 호프집 추천 등 지역과 음식점, 요리 이름, 추천, 맛집이라는 단어들이 내 블로그에 많이 누적되지 않도록 희석시켜주어야 합니다. 이는 맛집 내용뿐만 아니라 부동산, 병원, 매장 홍보 등 홍보를 자주 해야 하는 모든 업종이 마찬가지입니다.

내 전체 글의 수를 100개로 가정했을 때, 그중 30개 이상의 글에서 맛집, 특정 지역, 특정 내용이 반복된다면 내 블로그는 특정 광고 내용을 30% 정도 가지고 있는 것이며, 검색엔진이 자동적으로 더 이상 그 글의 주제로 노출되지 않게끔 걸러내게 됩니다.

이 역시 저품질의 예 중 하나로, 장사를 하는 입장에서는 굉장히 난처한 상황입니다. 내가 종로에서 치킨 집을 하는데 '종로'나 '치킨'이라는 단어를 사용하여 글을 작성할 때 노출되지 않는다면 블로그를 운영하는 이유가 없어지기 때문입니다.

처음부터 포스팅을 할 때 항상 광고의 수를 최소화하고 다른 주제의 일반 글을 섞어 넣는 습관을 길러야 합니다. 쓰고 싶지 않거나 전혀 나의 관심사가 아닌 글이더라도 적는 노력이 필요합니다.

2) 키워드 난이도와 스크랩 유무를 살펴보자

어떤 주제로 글을 작성하며 어떻게 운영할지 기본적인 플랜을 세웠다면 키워드의 난이도를 파악하고 스크랩 유무를 살펴보아야 합니다. 쓰기만 하면 바로 상위노출이 척척 되는 블로그라면 얼마나 좋을까요? 하지만 맛집과 병원, 부동산 분양 등 경쟁이 치열한 키워드와 업종일수록 상위노출은 힘들어집니다. 또한 노출이 되어도 장기간 노출되기는 더더욱 힘듭니다. 그럴 때 필요한 것이 키워드의 난이도를 보는 눈과 스크랩입니다.

[어려운 난이도 키워드 샘플 1] '성형외과 추천'은 난이도가 높은 키워드이다.

[어려운 난이도 키워드 샘플 2] 병원, 맛집 계열의 키워드는 대부분 어렵다. 일부 경쟁이 덜한 지역을 끼고 있는 키워드는 제외된다. 예) 이천 성형외과 추천

보통 수강생분들이 제게 개인수업을 받고 운영한 지 3개월차에 1일 방문자수 4,000명~5,000명 정도 그리고 이웃수 600명~800명 정도(매일 직접 소통하며 하루 동안 내 글에 달리는 댓글이 하루 25명~40명 있다는 가정)라면 저는 10점 만점 중 7.5점 정도를 줍니다.

이 정도 수준이 된다면 제대로 된 글쓰기 방법을 알고 있다는 가정하에 어느 정도 내가 공략할 키워드를 보는 눈도 생겼고, 방문객을 유지하며 내가 원하는 만큼 방문객을 올렸다 내렸다 할 수 있는 경지에 올랐다고 할 수 있습니다.

세상은 넓고 강자는 많습니다. 나보다 더 높은 지수의 블로그를 가지고 있는 사람이 많습니다. 그런데 간혹 나보다 한참 부족해 보이는 블로그가 노출이 더 잘되는 경우를 볼 수 있습니다. 이는 그 블로거가 키워드의 난이도 파악을 잘하거나 또는 스크랩을 많이 한 경우입니다. 스크랩은 이후에 더 깊이 있게 알아보기로 하고 먼저, 광고성 키워드의 난이도를 파악하는 방법을 알아보겠습니다.

제대로 광고성 글을 공략하기 위해선 누적된 글의 총 개수와 현재 상위노출되어 있는 글들의 작성된 날짜를 보아야 합니다. 누적된 글이 많고 노출되고 있는 포스트들의 작성 날짜도 한 달에서 한 달 반 이내라면 난이도가 높은 편입니다.

내가 지금 이 키워드를 주제로 써서 노출이 될지 안될지 여부를 어림잡아 파악하려면 비슷한 난이도의 다른 주제로 글을 작성해보거나 또는 실제로 이 키워드를 주제로 한 번 작성해서 부딪쳐보는 수밖에 없습니다.

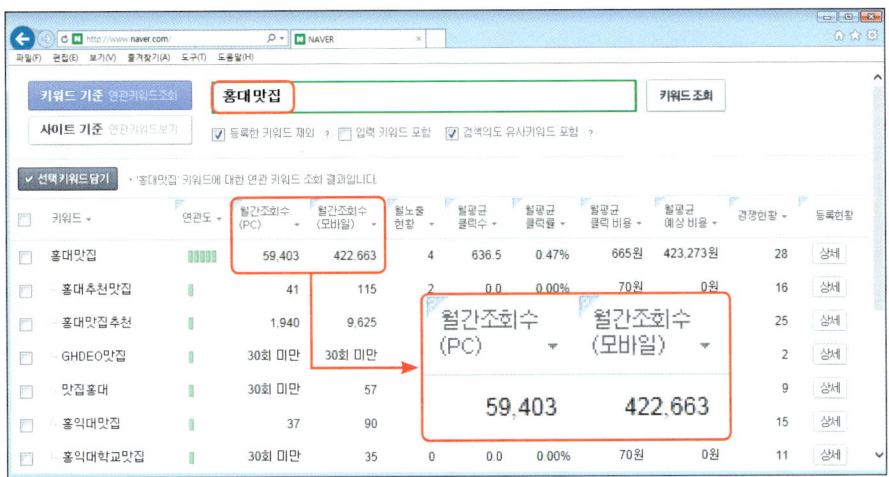

[홍대 맛집에 관한 PC와 모바일 월간 조회수]
파워링크 검색광고 관리시스템에 들어가 광고등록 → 키워드 조회에서 홍대 맛집에 관한 PC와 모바일 월간 조회 수를 파악해보았다. 컴퓨터로는 6만여 건 그리고 스마트폰으로는 42만 2천여 건의 검색이 이루어지고 있다. 블로그로 이 키워드를 장기간 노출시킨다면 비용을 절감할 뿐만 아니라 상당한 인원을 끌어들일 수 있다. 총 48만여 건의 검색을 한 사람들이 100명 중 1명꼴로만 내 글을 보고 오더라도 4천 8백 명이다. 이를 숫자로만 본다면 한 달을 30일로 나눴을 때 블로그를 보고 우리 매장에 방문하는 사람이 하루에 160여 명이다. 거기에 기존 단골과 앞으로 뻗어나갈 입소문으로 인해 오게 되는 인파 그리고 오프라인에서 랜덤으로 들어오는 사람들까지 합치게 되면 놀라운 매출로 이어질 수 있다.

만일 이와 같은 맥락의 난이도가 있는 글들을 여러 개 작성해야 하는 상황이라면 한 개의 글만 부딪쳐봐도 대충 현재 내가 작성해야 할 만한 난이도의 글인지 아닌지를 알 수 있습니다. 어차피 써도 노출되지 않는다면 의미 없는 힘 빼기는 중단하고 블로그 품질을 높이는 데에 신경을 써야겠습니다.

소통에 더 집중하고, 쉬운 주제의 글 그리고 중간 난이도의 인기 좋은 글을 작성해서 내 블로그의 여러 개의 글로 많은 사람들이 매일매일 들어올 수 있도록 트래픽(Traffic)을 발생시켜주는 것이 최우선적으로 해야 할 일입니다.

광고를 하는 입장에서는 당장이라도 광고글을 올려 효과를 보고 싶은 생각을 갖기 때문에 마음이 급할 수밖에 없습니다. 하지만 블로그의 세계에서는 역시 급할수록 돌아가야 하는 게 맞습니다. 조급해 할수록 내 블로그에 무의미한 광고글이 더 늘어나고 시간을 버리게 되며, 노출에 자주 실패하면 힘이 빠지고 마음만 급해져 더 많은 광고글을 작성하게 되고, 결국은 저품질에 걸리는 상황이 발생할 뿐입니다.

홍보성을 갖고 시작하는 이상 저품질의 확률에서 벗어날 수는 없습니다. 업종에 따라 그 확률이 높고 낮음의 차이도 있습니다. 노골적인 홍보성 키워드들과 사진은 최소화하면서 다른 주제의 글들을 작성하여 블로그 자체를 짙은 광고로부터 희석시키는 것을 항상 민감하게 체크하는 습관을 들여야 합니다. 또한 어차피 노출하지 못할 광고 키워드 글은 처음부터 쓰지 않는 식으로 하여 광고 자체를 최소화하며 운영해야 합니다.

블로그 노출 팁

천재지변 같은 블로그 저품질의 확률은 점점 늘어나는 추세로, 이미 배제할 수 없는 터라 마케팅이 중간에 뚝 끊어지는 것을 대비하여 블로그를 2개 혹은 그 이상 운영하는 경우를 주변에서 쉽게 볼 수 있습니다.

이런 경우 꼭 주의해야 할 점은 한 개의 IP로, 혹은 같은 PC로 두 개의 블로그를 운영하면 안 된다는 것인데요. 가정에서 2개의 블로그를 운영하려면 2개의 인터넷 회선(인터넷 요금이 2배가 되겠죠)과 2개의 PC(노트북 가능)로 해야 합니다. 아이패드같이 태블릿으로 컴퓨터를 대체하는 것은 아무래도 무리가 있습니다.

간혹 인터넷회선(랜 연결)의 IP 주소와 그 회선으로 공유기를 거쳐 뿌려지는 Wi-Fi의 IP 주소가 다르기 때문에 각기 다른 2개의 IP를 가지고 있다고 생각하는 학생들도 있으나 모회선인 인터넷회선의 IP를 보기 때문에 이 두 IP는 사실상 같은 걸로 보는 게 맞습니다. 회사의 일반 인터넷 IP 환경도 가정과 다를 것이 없이 마찬가지입니다. 간혹 블로깅을 위해 고정형 IP를 사용하는 경우가 있는데 그것은 전혀 의미가 없습니다. 일반 상식적으로 우리가 알고 있는 인터넷회선의 유동형 IP로도 충분합니다.

♛ 블로그로 돈을 벌어보자: 체험단, 애드포스트, 서포터즈 등

블로그를 하면서 약간의 수입을 얻을 수 있는 방법이 있습니다. 그것은 '**체험단**'과 '**애드포스트**' 그리고 '**서포터즈**' 등에 참여하는 것입니다. 블로그 포스팅을 위탁받아 작성하는 경우도 있겠지만, 그다지 추천하진 않습니다. 제일 좋은 것은 아무래도 남의 장사를 해주는 것보다 내 물건과 매장을 광고하는 것이겠지만, 간단한 수익을 내기 위해서는 위의 3가지 방법도 나쁘지 않습니다.

1) 체험단

그 첫 번째는 체험단 활동입니다. 광고회사를 통해 체험단을 신청하여 먹거리나 화장품, 육아용품, 마사지 서비스나 식당에서의 시식 등을 무료 혹은 거의 공짜로 받아보고 그 대가로 솔직담백한 후기를 블로그에 적는 것입니다.

검색해보면 다양한 분야의 체험단을 발견할 수 있다.

2) 애드포스트

두 번째로는 네이버에서 직접 관리하는 '애드포스트'가 있습니다. 네이버 블로거라면 누구나 가능하며, 신청 등록을 해놓으면 포스트 하단에 타 업체의 파워링크 광고가 들어오게 됩니다. 다른 사람들이 내 블로그에 들어와서 그 광고를 클릭하면, 광고주의 입장에선 파워링크 광고비용이 지출되지만, 내 입장에서는 수익을 올리게 됩니다. 그리고 그 수익이 현금으로 전환되어 내 계좌에 들어오기 때문에 실질적으로 좋은 수익 수단이 될 수 있습니다. 하단에 표시되는 광고 업종은 나의 포스팅 주제, 키워드와 연관된 것입니다.

네이버 자체적으로 운영하는 애드포스트는 용돈벌이로 유용한 수단이다.

3) 서포터즈

세 번째로는 '서포터즈'가 있습니다. '서포터즈'는 업종에 구애받지 않고 업체들이 그들만의 광고 마케터를 모집하는 것입니다. 예를 들어 A라는 업체에서 모집하는 신상품 이벤트와 관련된 서포터즈가 되면 A업체의 마케터가 되어 활동하게 됩니다. 임무와 역할은 그 나름인데, 보통 체험단처럼 상품 및 이벤트를 이용하고 그에 대한 후기를 온라인을 통해 널리 알리는 역할을 합니다.

Lesson 26
블로그 최적화를 위해 반드시 피해야 할 것

블로그를 운영하면서 조심해야 할 것들 그리고 피해야 할 것들에 대해 알아보겠습니다. 다른 사람들은 광고글을 나보다 훨씬 많이 썼는데도 저품질에 걸리지 않고 잘만 하는데 나는 왜 저품질에 걸렸을까? 꼭 광고글 때문이 아니더라도 블로그의 품질이 낮아지는 경우는 많습니다. 그중 몇 가지를 말씀드리면 아래와 같습니다.

♛ 반복되는 주제는 저품질로 가는 지름길이다

광고성 없는 일반글(=일상글)이더라도 똑같은 주제, 키워드의 글들을 무수히 많이 쓰는 경우가 있습니다. 부득이하게 글에 대한 제한 또는 경고를 받았을 경우 해당 검색엔진의 고객센터에 문의해 경고를 풀 수 있습니다. 경고를 받지는 않았지만 내 블로그에 이상이 생긴 것 같고 노출이 평소보다 너무 안되기 시작한다면 아쉽게도 어쩔 수 없습니다. 품질이 낮아지기 시작한 것입니다.

그렇기 때문에 최대한 다른 주제, 다른 제목으로 포스팅하여 블로그를 운영해야 합니다. 반복되는 주제로 글을 작성하다 보면 불가피하게 저품질의 블로그가 됩니다. 그렇기 때문에 평소 최대한 다양한 장르와 주제에 관심을 갖고 글로 작성해야 합니다.

♛ 사진 도용은 범죄 행위이다

다른 분들의 사진을 도용하는 행위도 블로그의 품질을 저하시킵니다. 사진 도용은 법적으로도 벌금을 무는 등 안 좋은 일이 생길 수 있으니 항상 조심하시기 바랍니다. **되도록이면 직접 찍은 물건, 인물, 내용의 사진을 블로그에 올리시길 권합니다.** 부득이하게 내가 가지고 있는 사진을 계속 반복해서 사용하는 경우가 종종 있습니다. 앞서 말씀드렸듯이 파일명을 바꾸고 포토스케이프 등에서 약간의 편집을 한 후 사용해야 합니다.

♛ 어뷰징은 자멸의 지름길이다

어뷰징이라는 말은 어렵게 느껴질 수도 있습니다. 쉽게 풀어 말씀드리자면 내 블로그에 내가 다른 ID로 로그인하여 댓글, 공감, 스크랩 등을 스스로 남기는 행위를 말합니다. **쉽게 저품질에 빠질 수 있으니 절대로 해서는 안 될 행동 중 하나입니다.** 아주 잘 키워 최적화가 안정적으로 된 블로그도 어뷰징 두세 번에 죽어버리는 경우가 허다합니다.

단, 이웃들이나 개인이 내 포스팅에 댓글을 달았다면 대댓글을 다는 것은 당연히 어뷰징으로 여겨지지 않습니다.

♛ 운영 일수 미달도 저품질에 영향을 미친다

블로그 운영을 1주일에 두세 번만 한다든지 혹은 그 미만으로 하면 품질은 자연스럽게 낮아집니다. 되도록이면 **꾸준히 꼬박꼬박 운영해야** 품질이 좋아집니다. 블로그 운영을 시작할 때는 수개월 전 혹은 그 이전에 운영했다가 멈춘 블로그로 시작하기보다는 새 ID를 개설하여 시작하는 것이 좋습니다. 아무래도 지수가 많이 떨어진 상황에서 시작하는 것보다는 새로운 ID로 시작하는 것이 성장세가 더 빠릅니다.

미리 개설해놓은 ID가 있지만 블로그를 아예 운영하지 않은 상태라면(한 번도 포스팅을 하지 않았다면) 그 ID로 시작하셔도 무관합니다.

♛ 사행성을 띤 글과 사진은 바로 차단된다

도박 관련 그리고 성인 관련 검색어들은 절대 써서는 안 됩니다. 바로 차단될 가능성이 있고, 차단되거나 게시글(포스트)이 삭제된 경우 블로그 지수에 지대한 영향이 있어 저품질에 걸리기 쉽기 때문입니다. **카지노, 카드게임, 포커** 등의 단어 자체를 사용하지 않길 바랍니다. 한 번 저품질이 되면 거의 되돌릴 수 없습니다. 그동안의 수고를 헛되이 하지 않기 위해서라도 반드시 유념하시기 바랍니다. 또한 노출이 심하거나 욕설을 담고 있는 사진을 첨부하는 경우도 마찬가지입니다.

♛ 블로그 관련 글은 걸릴 확률이 높다

블로그와 관련된 글이란 흔히 노출이 잘되는 법이나 방문객을 늘리는 법 등등을 팁으로 알려주는 글을 말합니다. 이런 글들은 굉장히 쉽게 삭제되며 저품질뿐만 아니라 블로그 이용 제한에 걸리기 쉽습니다.

블로그 관련 글들은 지금 당장은 아니더라도 조만간 걸릴 확률이 매우 높은 키워드 중 하나이므로 포스팅하지 말아야 합니다. 특히 **저품질, 최적화, 로직, 리브라, 검색엔진, 키워드** 등과 같은 단어를 글에 적어서는 안 됩니다.

Lesson 27 블로그 루머 총정리 Q&A 20선

이번 시간은 그동안 궁금했던, 인터넷상에서 근거 없이 떠도는 루머들을 속 시원하게 풀어보겠습니다. 루머들이 워낙 많지만 초·중급자의 난이도에서, 그리고 책으로 대답해드릴 수 있는 선에서 질문을 20개로 간추려보았습니다.

Q&A 01 글을 삭제, 수정하면 안 된다?

포스트 삭제, 수정 버튼

이 말을 많이 들어보셨을 겁니다. 실제로 많은 블로거들이 흔히 하는 실수이기도 하죠. 한 번 쓴 포스팅을 삭제한다거나, 글자나 내용이 틀려 수정하는 경우가 있는데요. **가능하면 글의 삭제와 수정은 안 하는 게 좋습니다.** 글이 검색 엔진에 들어가는 시간을 감안하여 글을 올리고 10분 안에 수정하는 것은 괜찮다는 말이 있었습니다만 이것도 자주 반복되다 보면 품질에 악영향을 끼칩니다. 자주 반복된다는 것이 어느 정도를 의미하는지 궁금하실 텐데요. 두 달 이상 운영된 블로그를 기준으로 한 달에 2번 정도까지가 마지노선이라고 보시면 됩니다. 수정과 삭제는 운영하면서 되도록 피해야 합니다.

Q&A 02 탑 실시간 검색어를 쓰면 안 된다?

핫토픽 키워드

| 8시 | 11시 | 14시 | 17시 | 20시 | 종합 |

1. 인기가요 인피니트   NEW
2. 복면가왕 솜사탕   NEW
3. 똑순이 김민희   NEW
4. 조훈현 조치훈
5. 전인지 우승   NEW
6. 승무원이 라면쏟아 화상
7. 슈퍼맨이 돌아왔다 추사랑   NEW
8. 그것이 알고싶다 세모자
9. 섹션 소이현   NEW
10. 백종원 마리텔 일시 하차

실시간 검색어

내가 운영하는 블로그의 인기가 높아진다는 것은 댓글과 공감의 숫자뿐만 아니라 방문객이 늘어난다는 것을 뜻합니다. 많은 분들이 생각하는 것처럼 '방문자수=블로그 지수'는 절대 아니지만 품질이라는 요소에서 방문자수가 차지하는 비율도 적지 않기 때문에 많은 분들이 방문자수, 특히 1일 방문자수에 민감해 합니다. 그리고 방문객을 늘리기 위해 고의적으로 대부분의 글들을 인기가 많은 키워드들을 주제로 채우고, 또 실시간 검색어와 같이 높은 유입률(그 글로 인해 내 블로그로 유입되는 방문객)을 주제로 가진 글을 작성하는 경우가 많습니다.

속 시원히 말씀드리자면 실시간 검색어를 쓰면 안 되는 것은 아닙니다. 전혀 상관없습니다. 하지만 쓰셔도 어차피 안 올라간다는 게 문제죠. 혹여나 노출이 되어도 굉장히 빨리 상위노출에서 내려오기 때문에 유입 방문객이 크게 상승했다가 떨어지는, 마치 산(山) 모양 혹은 W 모양의 차트가 생성됩니다. 이런 모양의 차트는 앞서 말씀드렸듯이 저품질로 가는 지름길입니다.

Q&A 03 블로그 운영 기간과 노출이 비례할까?

누적 글이 400개 정도 있는 1년 이하 혹은 갓 넘은 블로그

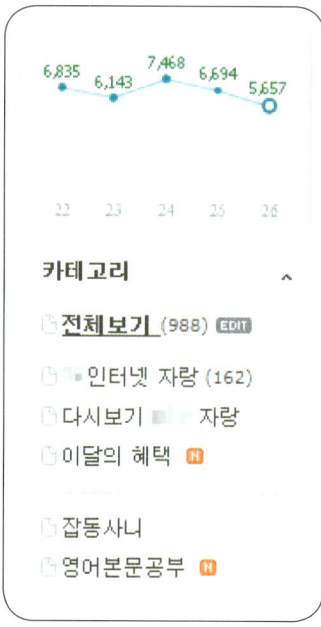

600개 이상의 글이 작성된 블로그

얼마나 오래 블로그를 운영했는지 그리고 그동안 누적된 글의 수가 얼마나 많은지가 내 블로그의 품질과 얼마나 밀접한 관계가 있으며, 또 노출의 기회가 얼마나 더 많이 생기게 될까요? 블로그의 운영 기간과 글의 수는 블로그의 품질과 전혀 관계가 없습니다.

만약 위의 질문에 대한 대답이 '그렇다'라면 6개월 운영한 블로그는 현재 3년 동안 운영 중인 블로그보다 품질이 절대 좋아질 수 없다는 것인데 실제로 운영하다 보면 그렇지 않다는 걸 느낄 수 있습니다. 운영 기간이 중요한 것이 아니라 기간이 얼마나 되었든 간에 그 기간 동안 얼마나 잘 운영했느냐가 포인트입니다. 즉, **운영 기간은 짧지만 잘 키운 블로그가 운영 기간은 길지만 그저 그렇게 운영한 블로그보다 월등히 좋습니다.**

Q&A 04 동영상을 넣으면 훨씬 효과적이다?

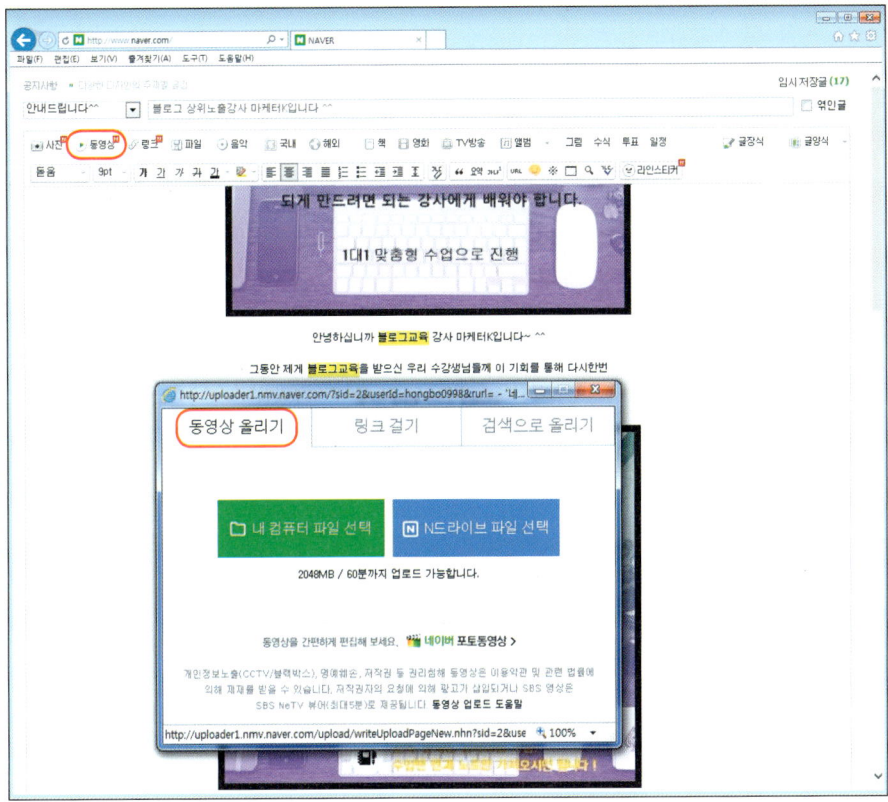

[동영상 넣는 버튼] 포스팅 작성 시 동영상 넣는 버튼이 글쓰기 툴에 있으며, 누르면 올릴 동영상을 지정하는 창이 뜬다. PC, USB, 스마트폰 등에 들어 있는 동영상을 올리려면 동영상 올리기 탭에서 동영상이 있는 경로를 지정해준다.

부동산 블로그를 운영하거나 리뷰 등을 올리는 블로거들의 글 쓰는 스타일을 보면, 포스트 안에 동영상이 많다는 공통점이 있다는 것을 알 수 있습니다. 포스트의 중간 혹은 끝부분에 적게는 1개에서 많게는 5개까지도 동영상을 넣곤 하는데요. 꼭 동영상 등을 넣어서 포스트 용량을 늘려야 노출이 더 잘되는 것

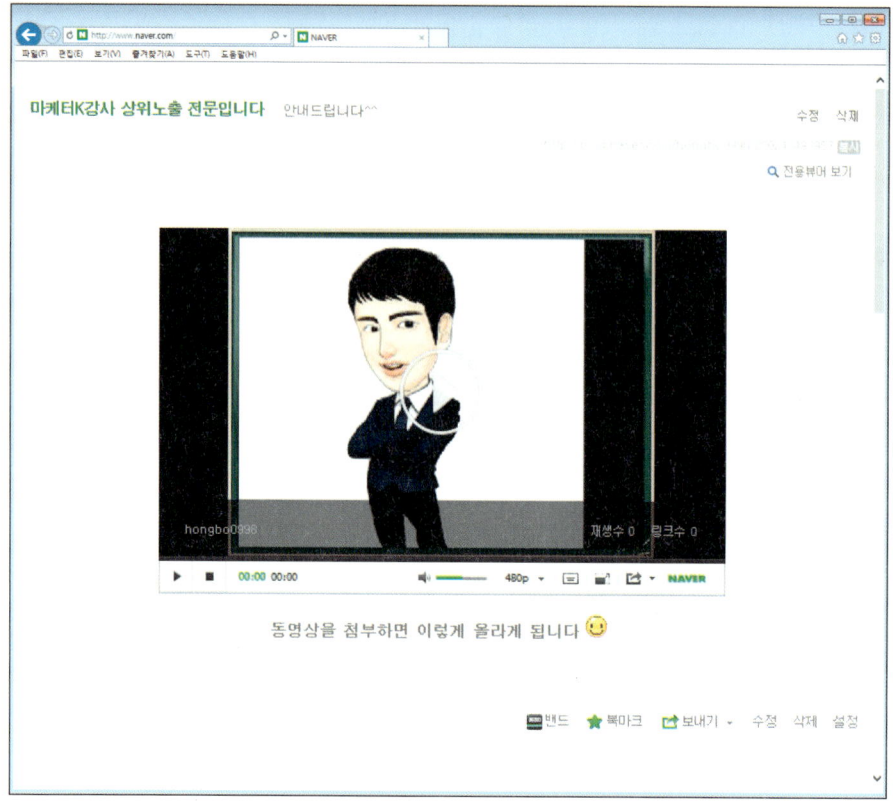

[동영상 첨부] 동영상을 첨부하면 이처럼 포스팅에 play 버튼이 보이는 동영상이 자리잡게 된다.

은 아니기 때문에 많이 넣는 것을 권장하지는 않습니다. 하지만 한두 개는 도움이 될 수도 있습니다.

하지만 무조건적으로 블로그의 모든 포스트에 동영상을 넣는 것은 의미가 없어 시간 낭비라 보셔도 됩니다. **저품질과 동영상은 현재까지 무관하며 동영상을 안 넣는다고 해서 상위노출이 안되는 것은 아닙니다.** 플러스 알파의 점수를 얻을 수 있는 개념으로 이해하시기 바랍니다.

Q&A 05 사진파일을 캡처해서 올리면 노출이 더 잘된다?

[사진 파일 캡처]
핸드폰에서 찍어서 옮겨놓은 사진(좌), 그 사진을 새로 캡처한 사진(우), 파일의 용량과 이름이 다르다.

소프트웨어를 사용해 사진을 캡처하게 되면 파일의 이름이 바뀝니다. 간혹 사진 파일의 이름을 포스팅의 키워드로 바꾸어 올리면 노출이 더 잘된다는 루머를 믿는 분이 있지만 그것은 2014년 이전에 통하던 방법이었습니다.

지금은 전혀 적용이 되지 않습니다. 캡처한 사진의 파일명이 자동으로 오늘 날짜로 바뀌기 때문에 캡처하면 최신 날짜의 파일명을 갖게 되어 노출이 더 잘된다는 루머도 거짓입니다. 사진 파일명은 자유롭게 하셔도 좋습니다.

Q&A 06 블로그 지수를 판별할 수 있는 사이트는 신빙성이 있을까?

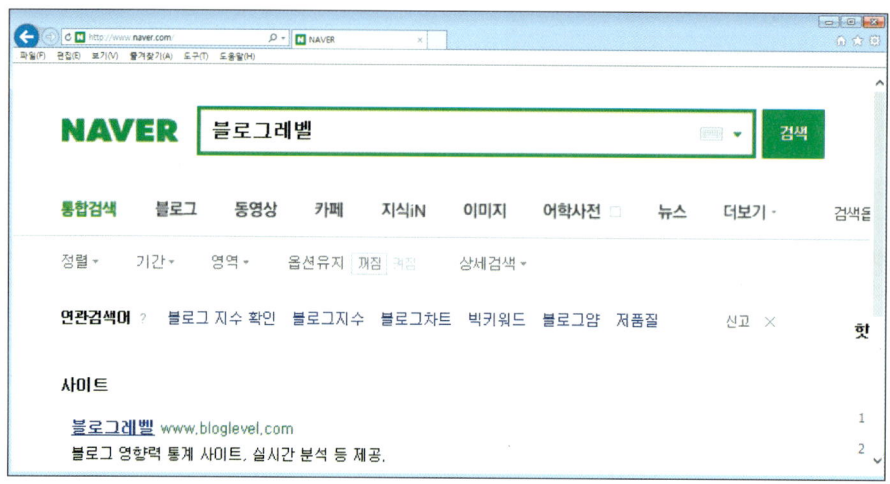

[블로그 레벨] 한때 인기를 끌었던 '블로그 레벨'이라는 해외 사이트이다.

한때 유행했던 블로그의 지수 및 품질을 무료로 알려주는 사이트가 몇 개 있었습니다. 현재도 존재합니다. 하지만 블로그 레벨을 예로 든다면, 우리나라 검색사이트의 노출 기준과는 전혀 무관합니다. 단지 방문자가 많은지, 이웃이 많은지, 누적된 글들이 많은지 등을 알려주고 유입률을 판별해주는 단순한 사이트이니 우리가 길에서 점을 보듯이 기분 좋게 가벼운 마음으로 보면 될 뿐 이를 맹신하지는 마세요. 즉, 사이트에서 점수가 높게 나온다 하여도 절대 더 노출이 잘되는 블로그를 뜻하는 것은 아닙니다.

Q&A 07 매일매일 써야 하나?

대답은 간단합니다. **매일 하세요!** 하지만 간혹 쉬는 날이 있어도 블로그의 품질에 큰 영향을 미치진 않습니다. 물론 똑같은 퀄리티의 운영과 글이라는 가

카테고리

- 전체보기 (988) EDIT
- 인터넷 자랑 (162)
- 다시보기 자랑
- 이달의 혜택 N

[포스팅한 글의 개수 체크]
전체보기 오른쪽의 숫자는 내 블로그의 모든 글의 개수를 말한다.

[좋은 블로그의 예]
매일매일 운영을 잘하는 블로그

전체보기 (988)	스크랩	엮인글	목록닫기
· 만명의 하루	0	0	2015.06.17.
· 이런저런날들 ~	0	0	2015.06.17.
· 누더기 공략 바로이거지~ (2)	0	0	2015.06.16.
· 영웅순위 아놈이 일등이라니! (3)	0	0	2015.06.16.
· 2015 장마기간 미리알고 대비하자! (8)	3	0	2015.06.16.
· 가입지역 서울경기 조회! (3)	0	0	2015.06.15.
· 32인치 TV 추천 싸게가 아닌 공짜니까~ (1)	0	0	2015.06.15.
· 인터넷가입 현금도 빵빵 전국어디나~	0	0	2015.06.15.
· CCTV 진짜 똑똑한 녀석의 등장! (2)	0	0	2015.06.15.
· 완전귀여운 리트리버 ㅋㅋㅋ (8)	0	0	2015.06.14.
·	0	0	2015.06.14.
· sunday picnic	0	0	2015.06.14.
· 주말에 일하는 자의 마음 (1)	0	0	2015.06.12.
· 그묘일봄~	0	0	2015.06.12.
· 마스크 착용하신 분이 정말 많네여~ (2)	0	0	2015.06.12.
· led tv 32인치 싼게 아닌 무료행사중~ (7)	0	0	2015.06.11.

정하에 주 5일제로 운영하는 블로그보다는 주 7일제로 운영하는 게 더 좋습니다. 하지만 주말만 쉰다고 해서 큰 이변이 일어나거나 저품질에 빠지는 건 절대 아니기 때문에 정신 건강에 너무 무리가 가지 않도록 즐거운 마음으로 운영하면 됩니다. 간혹 저도 사람인지라 바쁘고, 지치고, 쉬고 싶고, 아플 땐 블로그를 하기 싫어집니다. 그럴 땐 저도 2~3일 정도 푹 쉽니다.

블로그 품질에 가끔의 휴식은 큰 영향이 없습니다. 하지만 이게 습관이 들게 되면 쉽게 질리거나 포기하는 경우도 생긴답니다. 정말 쉬어야 할 때만 쉬는 블로거가 됩시다.

Q&A 08 예약글이 좋지 않다?

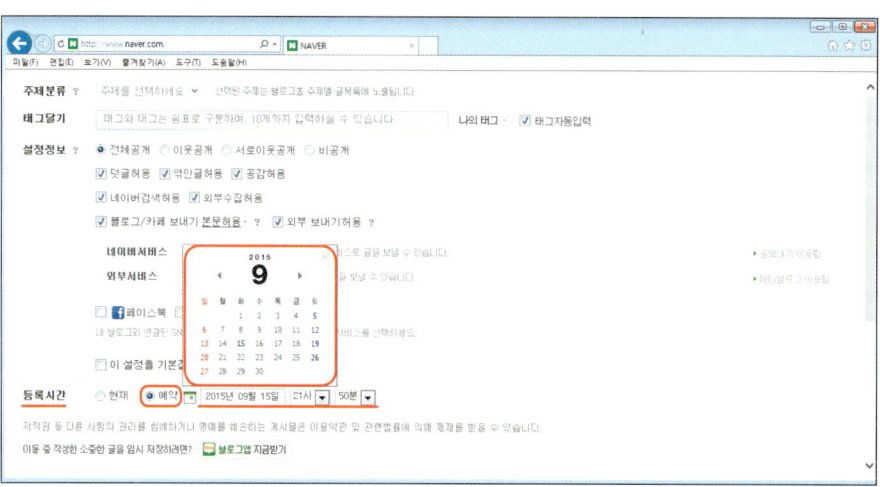

[예약 버튼] 포스트 작성 시 예약글을 작성할 수 있다.

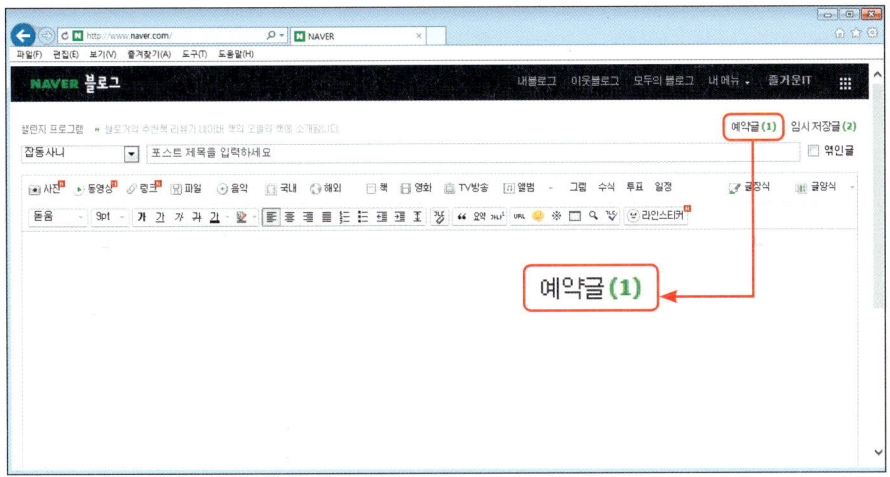

[예약글 표시] 포스트 쓰기를 눌러보면 우측에 예약글(1)이 생긴 것을 볼 수 있다.

지금 써놓은 글이 예약해놓은 날짜와 시간에 자동으로 올라가게끔 해놓는 기능이 바로 예약글입니다. 예약글은 무해하지도 유해하지도 않습니다. 품질에 영향도 전혀 없고 자주 하셔도 전혀 문제없습니다. 저도 자주 애용하는 기능입니다.

여행을 갈 때나 약속이 있는 날처럼 포스팅을 하기 어려운 날이 생길 때에는 예약 기능을 활용하셔서 매일 운영하는 것 같은 효과를 내시기 바랍니다.

Q&A 09 이웃은 다다익선이다?

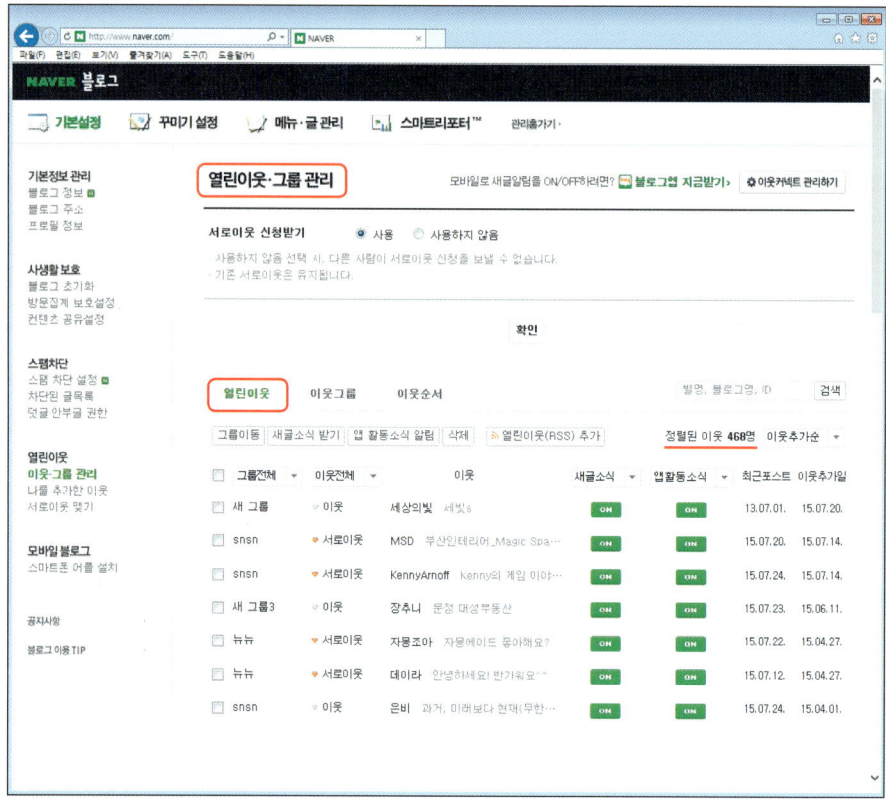

[이웃 관리] 나의 모든 이웃을 한눈에 볼 수 있다.

이웃이 많으면 좋습니다. 그것도 아주 좋습니다. 하지만 이웃은 많은데 이웃 간의 소통이 전혀 없으면 그것은 차라리 없느니만 못하다고 봅니다. 이웃을 많이 맺고 교류하는 것은 블로그의 품질을 높이는 데 상당히 좋은 습관입니다. **1,000명의 이웃 중 100명과 소통하는 것보다 500명의 이웃 중 100명과 소통하는 것이 좋습니다.**

이미 이웃이 많은데 소통을 많이 하지 않는 블로거의 경우에는 새 이웃을 개척하기보다는 기존 이웃과의 재소통을 목표로 하는 것이 좋습니다. 이웃을 삭제한다든지 차단하는 것은 아주 바람직하지 못한 행위입니다.

Q&A 10 스티커 답변이 좋을까?

[스티커 댓글] 스티커로만 달아도, 글로만 달아도 품질에는 전혀 문제가 되지 않습니다.

근래에 블로그 모바일 앱에 있던 댓글용 스티커가 PC버전으로도 가능해지면서 댓글을 스티커로만 남기는 것이 유행했습니다. 그래서 인기 많고 잘 나가는 블로거들이 타이핑하는 댓글 대신 스티커 댓글을 다는 것을 보고 '아~ 스티커로 달아야 블로그가 더 좋아지는구나!'라고 생각하는 사람들이 생기게 되었고, 그것이 구전으로 퍼지고 퍼져 스티커로 달아야 지수가 더 좋아진다고 착각하는 사람들이 많아졌습니다. 결과적으로 둘 다 차이는 없습니다. **스티커로만 달아도, 글로만 달아도 전혀 문제가 되지 않습니다.** 그렇다면…
둘 다 섞어서 달면 더 좋겠죠?

Q&A 11 모바일로 운영하는 게 낫다?

가끔 모바일로 블로그를 운영할 때가 있습니다. 평소 블로그를 운영하는 장소에 갈 시간이 없다거나 여행을 떠났다거나 하는 경우입니다.

이럴 경우 댓글을 다는 것과 글을 쓰는 것 두 가지 다 모바일을 사용하셔도 무방합니다. 하지만 더 나은 방법이라고 단정 짓지 마세요. 당연한 말이겠지만 모바일이 PC보다는 아직 편의성이 떨어지고, 마우스와 키보드 그리고 큰 모니터 화면을 대체하기엔 역부족입니다. 하지만 더욱더 발전할 여지가 있습니다.

[네이버 블로그 앱으로 글 작성]
스마트폰 네이버 블로그 앱으로 글을 작성한 예시이다.

Q&A 12 포스팅할 때 사진이 많을수록 좋다?

사진을 넣지 않는 것보다는 넣는 것이 좋고, 한 개를 넣는 것보다는 두 개를 넣는 것이 더 좋습니다. 하지만 100장을 넣는 것은 15장을 넣는 것보다 무조건 더 좋지는 않습니다. 사진도 적절한 개수(**5~10장**)가 필요합니다.

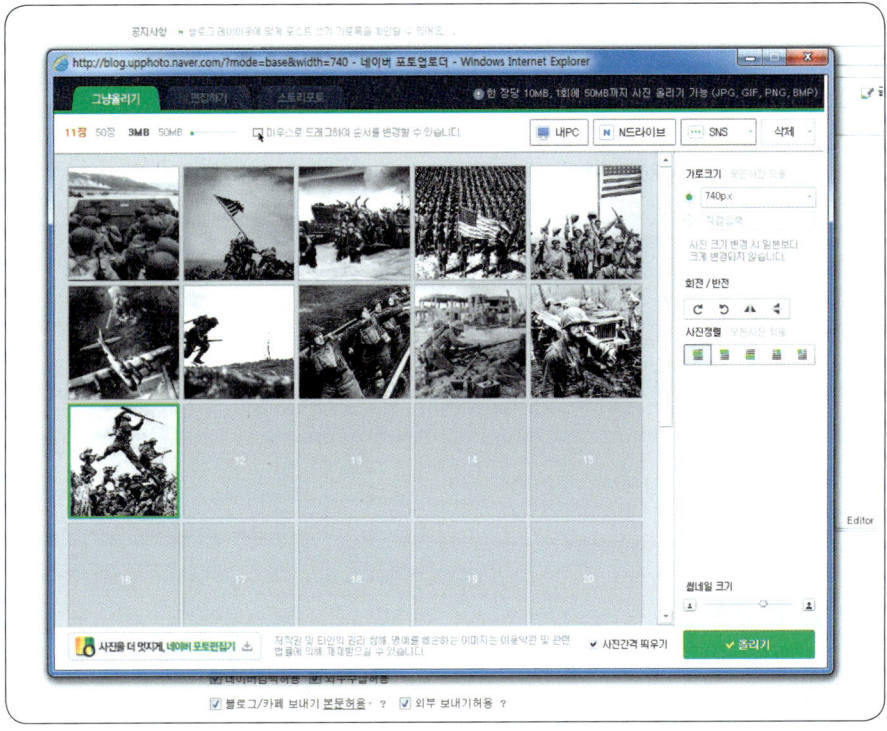

포스팅 시 사진 올리기

사진을 구하기 위해 일부러 값비싼 DSLR이나 미러리스 카메라를 구매하는 블로거도 있지만 전문적으로 제품 리뷰 쪽으로 나서는 경우가 아니라면 스마트폰 카메라로도 충분합니다.

Q&A 13 키워드를 많이 넣어야 할까?

> 2001년 7월에 개정된 한·미 선수계약협정(Korea-United States player contract agreement)에 의해 도입된 시스템이다. 자유계약(FA) 선수 신분이 아닌 국내 구단 소속선수가 미국 메이저리그에 진출할 경우, 메이저리그 30개 구단 중에서 최고액을 제시하는 구단이 독점 계약협상을 하게 된다. 해당 선수를 원하는 메이저리그 구단이 이적료를 제시하면 국내 구단은 최고액을 제시한 구단에게 우선협상권을 주거나 거부할 수 있다.
> 또 메이저리그 구단이 국내 프로선수는 물론 아마선수를 스카우트할 때 상대국의 선수를 스카우트하기 이전에 상대국 커미셔너 사무국에 해당 선수가 현재 처한 신분을 문의하는 절차 '신분조회' 절차를 밟아야 한다. 한편, 한국 프로야구에서는 프로선수가 프로 진출 뒤 7 시즌이 지나면 포스팅시스템 자격을 갖고, FA선수가 되려면 9 시즌을 뛰어야 한다.
> 2001년 7월에 개정된 한·미 선수계약협정(Korea-United States player contract agreement)에 의해 도입된 시스템이다. 자유계약(FA) 선수 신분이 아닌 국내 구단 소속선수가 미국 메이저리그에 진출할 때, 메이저리그 30개 구단 중에서 최고액을 제시하는 구단이 독점 계약협상을 하게 된다. 해당 선수를 원하는 메이저리그 이적료를 제시하면 국내 구단은 최고액을 제시한 구단에게 우선협상권을 주거나 거부할 수 있다. 또 메이저리그 구단이 국내 프로선수는 물론 아마선수를 스카우트할 때 상대국의 선수를 스카우트하기 이전에 상대국 커미셔너 사무국에 해당 선수가 현재 처한 신분을 문의하는 절차 '신분조회' 절차를 밟아야 한다.
> 한편, 한국 프로야구에서는 프로선수가 프로 진출 뒤 7 시즌이 지나면 포스팅시스템 자격을 갖고, FA선수가 되려면 9 시즌을 뛰어야 한다.
> 개정된 한·미 선수계약협정(Korea-United States player contract agreement)에 의해 도입된 시스템이다.
> 자유계약(FA) 선수 신분이 아닌 국내 구단 소속선수가 미국 메이저리그를 진출할 경우, 메이저리그 30개 구단 중에서 최고액을 제시하는 구단이 독점 계약협상을 하게 된다. 해당 선수를 원하는 구단이 이적료를 제시하면 국내 구단은 최고액을 제시한 구단에게 우선협상권을 주거나 거부할 수 있다. 또 메이저리그 구단이 국내 프로선수는 물론 아마선수를 스카우트할 때 상대국의 선수를 스카우트하기 이전에 상대국 커미셔너 사무국에 해당 선수가 현재 처한 신분을 문의하는 절차 '신분조회' 절차를 밟아야 한다. 한편, 한국 프로야구에서는 프로선수가 프로 진출 뒤 7 시즌이 지나면 포스팅시스템 자격을 갖고, FA선수가 되려면 9 시즌을 뛰어야 한다.
> 2001년 7월에 개정된 한·미 선수계약협정(Korea-United States player contract agreement)에 의해 도입된 시스템이다. 자유계약(FA) 선수 신분이 아닌 국내 구단 소속선수가 미국 메이저리그에 진출할 경우, 메이저리그 30개 구단 중에서 최고액을 제시하는 구단이 독점 계약협상을 하게 된다. 해당 선수를 원하는 메이저리그 구단도 이적료를 제시하면 국내 구단은 최고액을 제시하는 구단에게 우선협상권을 주거나 거부할 수 있다. 또 메이저리그 구단이 국내 프로선수는 물론 아마선수를 스카우트할 때 상대국의 선수를 스카우트하기 이전에 상대국 커미셔너 사무국에 해당 선수가 현재 처한 신분을 문의하는 절차 '신분조회' 절차를 밟아야 한다. 한편, 한국 프로야구에서는 프로선수가 프로 진출 뒤 7 시즌이 지나면 포스팅시스템 자격을 갖고, FA선수가 되려면 9 시즌을 뛰어야 한다.

[특정 키워드가 많은 포스팅] 본문 안에 '메이저리그'라는 키워드가 너무 많이 들어가 있다.

과다한 키워드는 노출을 방해할 뿐만 아니라 저품질에 걸리는 지름길이 되기도 합니다. 많으면 결코 좋지 않습니다. 검색어 키워드를 본문 안에 넣으려 한다면 본문 안(태그 제외)에 골고루 포함시켜야 하며, **총 6개 이상을 넘지 않는 게 좋습니다.**

Q&A 14 배너가 있으면 좋다?

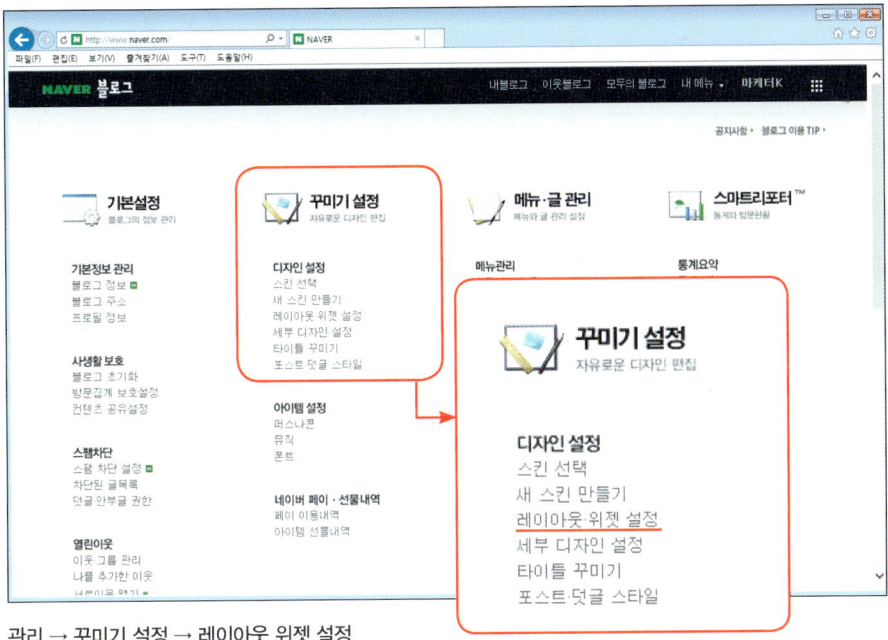

관리 → 꾸미기 설정 → 레이아웃 위젯 설정

여러 업체나 나만의 배너를 블로그의 레이아웃에 추가하는 경우가 많습니다. 또는 직접 만들어놓은 배너를 방문객이 클릭하면 다른 곳으로 이동하여 유입을 유도하는 링크 배너 등은 블로그와 크게 상관이 없습니다. 하지만 그 배너들이 광고성이기 때문에 그 양과 횟수가 지나치게 많으면 좋지 않습니다. 가끔씩 사용하는 것은 괜찮지만 포스팅할 때마다 배너를 추가해서는 안 됩니다.

Q&A 15 스티커와 이모티콘은 노출과는 상관없다?

안녕하세요. 블로그 상위노출 전문강사 마케터K입니다.

상급반 같은 경우 1대1로 혹은 그룹수강 같은 경우 MAX 5명까지

과외로만 진행하고 있습니다.

그동안 제 수업은 상급코스로만 하였기에 초급과 중급반을 따로 구분하지 않았습니다.

이렇게 초중급을 묶어 책으로 설명드릴 수 있는 기회를 통해

많은 분들이 좀 더 블로그에 관심을 갖게 되고

그를 통해 원하는 효과를 얻으셨으면 합니다.

[이모티콘 사용 예] 이모티콘은 노출과는 전혀 상관이 없다.

글을 적을 때 많은 분들이 사진을 거의 필수적으로 넣습니다. 이때 스티커와 이모티콘을 넣어 꾸미는 경우가 종종 있습니다. 글에도 마찬가지로 이모티콘과 스티커 기능을 넣어 재미있게 표현을 하기도 합니다. 간혹 넣고 싶지 않고 외관상 보기 흉한데도 일부러 넣는 경우도 있습니다. 바로 사진에 이러한 기능을 첨부하면 노출이 더 잘된다는 루머 때문인데요. 현재 이 기능들은 노출과는 전혀 상관이 없습니다.

부가적으로 자연스럽게 표현하거나 읽는 이의 흥미를 유발하기 위해 스티커나 이모티콘을 사용하는 것이지 글의 노출과는 무관합니다. 주로 사진을 반복해서 사용하는 경우(저번 포스트에 넣은 사진을 어쩔 수 없이 다시 반복하여 새로운 포스트에도 넣어야 하는 경우)에 이렇게 스티커 기능을 사용하곤 하는데 사진 반복을 피하기 위해 억지로 스티커를 사용해왔다면 차라리 기존 사진의 파일명을 바꾸고 첨부하는 것을 추천합니다. **스티커와 이모티콘은 노출과는 상관없으므로 편하게 사용하면 되겠습니다.**

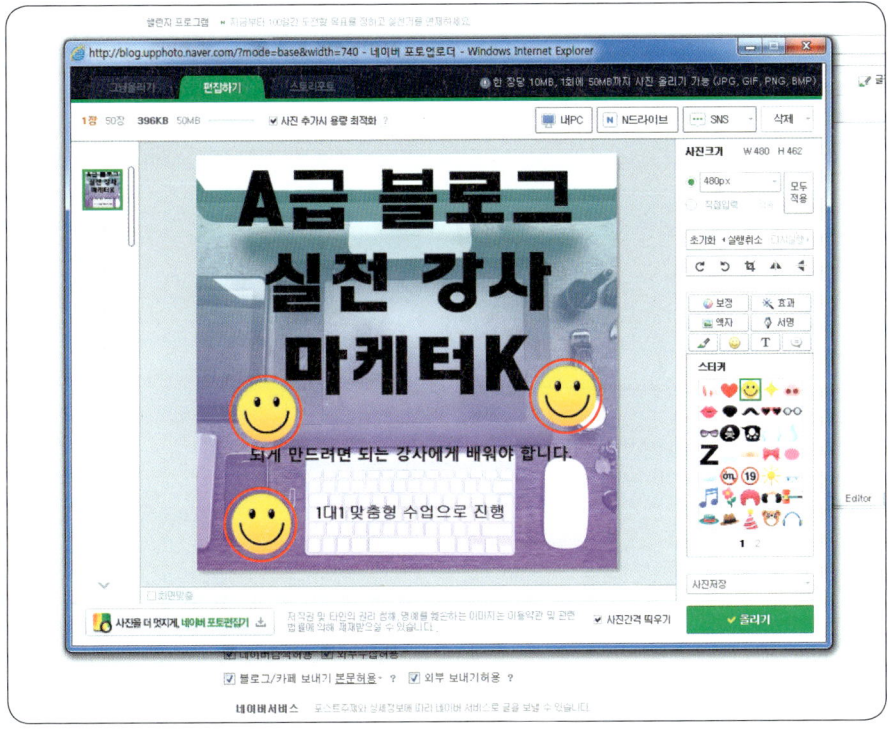

[사진 수정의 옳지 않은 예] 사진에 스티커를 포함하는지 여부 역시 노출과는 전혀 상관이 없다.

Q&A 16 글 쓰는 어투는 대화체가 좋다?

제가 수강생들에게 전해 들은 가장 황당한 루머 중에 하나이기도 합니다. 우리는 각자만의 글 쓰는 스타일이 있기 때문에 글의 어투가 부드럽고 편안하든 딱딱하든 상관없습니다. 하지만 노출에 혈안이 되어 있는 블로그 세계에서는 '다정다감한 말투를 써야 한다, 애교 있고 여성스럽게 써야 노출이 잘된다'라는 루머가 한때 돌기도 했습니다.

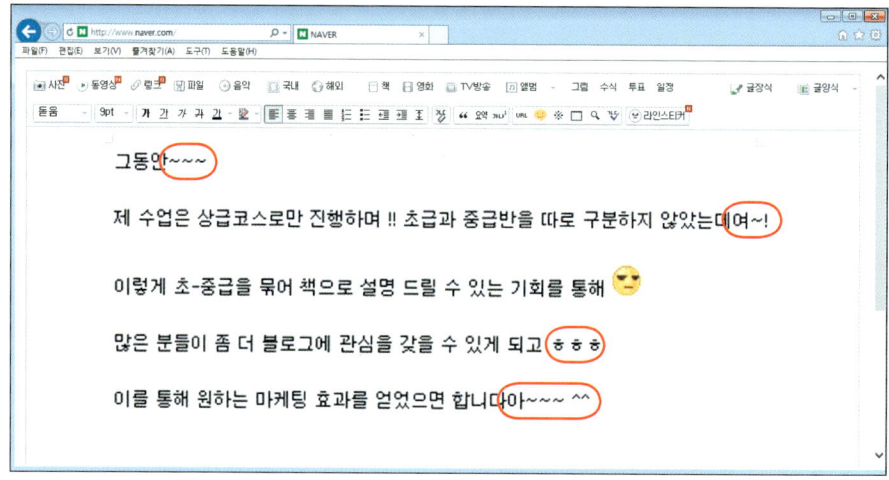

빈번히 사용되는 물결과 눈물, 웃음 표현

하지만 루머는 그저 루머일 뿐 딱딱하고 무뚝뚝한 문체로 쓰셔도 노출과는 전혀 상관없답니다. 매번 같은 문체로 작성하여도 옳은가에 대해 궁금해 하시기도 하는데요, 결론적으로 말하면 '괜찮습니다.' 포스팅은 내용의 정확성과 올바른 작성법, 그리고 좋은 품질의 블로그가 함께 만나 노출되는 것이므로 **문체에 비중을 두기보다는 적당한 글 길이와 글 사이의 키워드 입력에 신경을 써야 할 것입니다.** 그동안 고민이 많으셨던 남성 블로거분들, 힘내세요!

Q&A 17 블로그 수업은 의미가 없다?

어느 분야나 마찬가지겠지만 도움이 되는 수업도 있고 생각보다 나와 그다지 맞지 않는 수업도 있을 것입니다. 블로그 수업은 크게 1대1 과외, 학원 수업 등이 있습니다. 어디에서 배우든지 사진 꾸미기, 포토샵, 배너 만들기 등의 내용보다는 **상급 비법코스로 노출에 관한 이론**을 배워야 실질적인 도움이 될 것입니다. 많은 블로거들이 노출 때문에 골치가 아프다고 합니다. 그 이유는 그들이 글을 쓸 줄 모르고 사진을 넣을 줄 몰라서가 아니라 상위노출이 잘되는 법을 모르기 때문입니다.

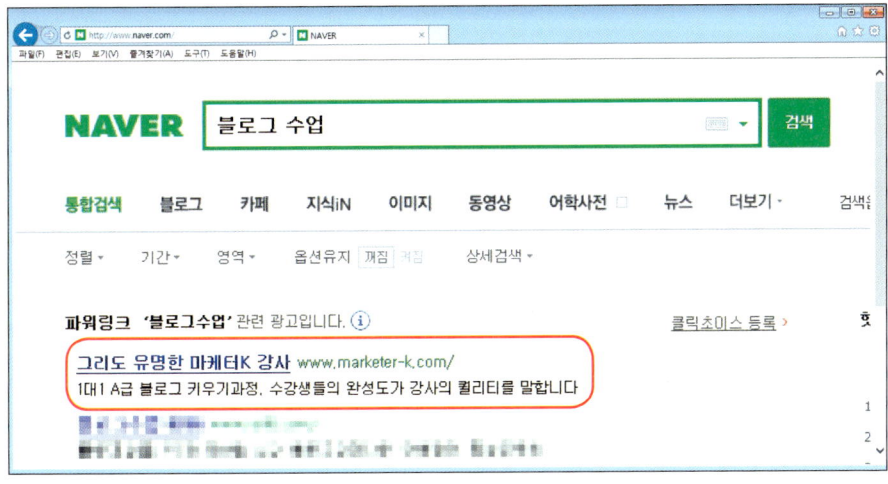

파워링크

저 같은 경우엔 1대1 혹은 3대1까지만 수업을 진행하는데요. 오직 상급 비법코스로만 알려드리는 이유가 바로 이것입니다. IP 관련이나 여러 가지 팁들은 소수의 인원으로만 구성된 수업에서 진행해야 맞춤별 학습이 될 것이며, 또 공개된 장소에서 많은 분들에게 수업을 하며 알리기에는 민감한 문제가 있기 때문입니다. 그리고 가장 중요한 것은 실전이기 때문에 수강 후 수강생이 직접 자신의 블로그를 새롭게 시작하여 운영하는 동안 운영 상태에 대해 조언과 함께 중간 점검해드리며, 자립할 수 있게 상황에 맞는 대처법도 알려드리기 때문에 많은 도움이 될 것임을 확신합니다.

Q&A 18 파워블로거가 되면 다 잘 풀린다?

파워블로거는 검색사이트 회사에서 따로 선정한 블로거로서 보통 컴퓨터, 게임, 사진, 예술, 여행, 영화, 요리 등 각 분야의 전문가들입니다. 광고글이 없는 분들이며 방문객들이 꽤 많고, 진실 되고, 꾸준히 블로깅을 하는 인기 블로거들입니다.

광고성이 있는 분들은 애당초 파워블로거가 되기 힘들며, 파워블로거라 해도 모든 글이 다 노출되는 것은 아니랍니다. 또한 그 수도 매우 적습니다. 몇 년이 걸려도 될지 안 될지 모르는 파워블로거가 되길 희망하는 것보다는 빠르게 A급 최적화 블로그를 만들어 그토록 원하는 노출을 하는 것을 목표로 설정하는 것이 좋습니다.

Q&A 19 저품질 블로그는 회생 가능할까?

저품질에 대해서는 앞서 기술을 하였지만 살릴 수 있는 확률은 정말 희박합니다. 크게 구분하자면 살릴 수 있는 저품질과 살릴 수 없는 저품질로 나뉜다고 보면 되는데, 살릴 수 없는 것은 6개월, 1년을 노력해도 살릴 수가 없습니다. 되도록이면 방문자수의 격차가 크지 않게 유지하며, 어뷰징은 절대로 해서는 안 됩니다.

[저품질 블로그]
방문자수의 급격한 하락으로 인해 저품질이 걸린 블로그이다.

Q&A 20 티스토리, 다음 블로그가 더 좋은가?!

티스토리 로고와 다음 로고

전혀 그렇지 않습니다. 한때 저품질이 현재보다 더 난무하던 시절, 사람들은 티스토리와 다음 블로그들이 저품질에 걸리지 않는 것을 발견했습니다. 그들은 네이버 블로그를 운영하다 다음과 티스토리로 갈아타기도 했는데요, 회사가 다르니 저품질의 기준은 네이버와 다를 수 있겠으나 노출이 특별히 더 잘 되는 경향은 전혀 없습니다.

오히려 다음에선 다음의 블로그가, 네이버에선 네이버의 블로그가 우선시되는 경향이 있습니다. 원하는 검색어에서 자신의 블로그는 상위노출이 안되고 7등, 10등을 하는데 다음 블로그가 1등을 하고 있으면 더 좋아 보이는 것이죠. 남의 떡이 언제나 커 보이는 것과 같은 것입니다.

Lesson

28 상위노출과 스크랩의 관계 속 시원히 말하다!

상위노출을 위한 올바른 스크랩 방법

스크랩을 넣을까 말까? 스크랩은 넘을 수 없는 고지를 넘게 해주는 힘이지만 독이 될 수도 있는, 그야말로 **양날의 검**입니다.

전체보기 (988)	스크랩	엮인글	목록닫기
· 독감 주의보! (13)	0	0	2015.04.15.
· 미드 ■■■ 요즘엔 히어로물이 대세! (2)	0	0	2015.04.15.
· ■■■■ 오오 역시나 재밌는 ■■드라마	0	0	2015.04.14.
· ■■ 19화 이게 얼마만이야~ (2)	0	0	2015.04.14.
· 블로그수업 가장 완벽하다 불리는 마케터K님의 그 강의! (8)	0	0	2015.04.13.
· ■■■■ 인터넷가입 어디서나 가능한곳!?	0	0	2015.04.13.
· TV 싸게파는곳 ■32인치가 무료라는거! (서울 경기) (7)	0	0	2015.04.13.
· 주말에 산더미 같이 먹었어요 ㅋㅋㅋ (6)	0	0	2015.04.12.
· 재미있는 미드 추천 12개 갑니다! (19)	8	0	2015.04.10.
· 예비군은 빡셨다..... (8)	0	0	2015.04.09.
· ■■■ 시즌5 방영일 다가온다 그것이! (5)	0	0	2015.04.09.
· 상급레슨 블로그 마케팅 교육 1대1로만! (10)	0	0	2015.04.08.

[스크랩 화면] 스크랩이 된 글은 글 목록을 펼쳐보면 알 수 있다.

스크랩은 다른 ID, 다른 IP, 다른 MAC주소를 가진 누군가가 내 글을 블로그, 카페, 포스트 등으로 내보는 것을 말합니다. 쉽게 말하면 다른 사람이 내 글을 퍼가는 것이죠. 스크랩은 상위노출에 있어서는 일종의 버프 형식으로 2년 전부터 유행해 현재까지도 널리 쓰이고 있습니다.

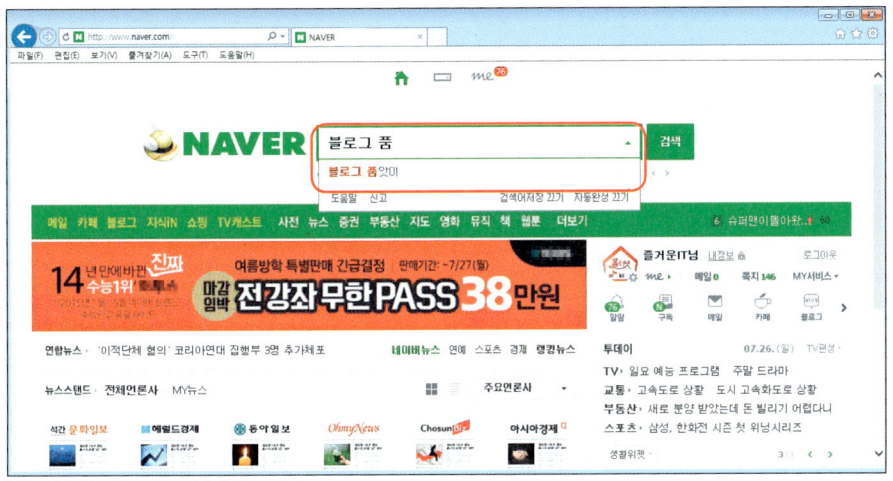

[블로그 품앗이 검색창] 블로거 활동을 하다 보면 품앗이라는 말을 쉽게 들어볼 수 있다.

조만간 패치가 이루어질 것 같아 수강생분들에게는 강조하여 꼭 해야 할 MUST 스킬이라고 말씀드리지는 않고, 차라리 운영방법과 블로그 지수에 더 신경을 써서 정석 품질을 올리는 노력을 하라고 권해드립니다.

내 블로그의 품질로는 상위노출이 될 확률이 희박한 상황이거나 또는 작성 후 현재 6등(예)에 포스트가 자리 잡고 있다고 합시다. 그 글을 스스로 다른 ID, IP, MAC주소를 스크랩하거나 또는 실제 다른 분들이 그들의 블로그나 카페에 내 글을 스크랩하면 스크랩 횟수가 올라가는데 그로 인해 내 포스트가 플러스 점수를 얻어 1등~5등이 될 수 있습니다. 내 품질이 좋지 않은 상태에서 스크랩을 자주 한다면 오히려 악영향을 끼칠 수 있으니, 너무 남발하지 말고 가끔씩만 해주는 정도로 활용해야 합니다.

물론 스크랩 없이 품질이 월등히 좋은 블로그가 더 위에 노출되는 것이 맞습니다. 그렇기에 항상 노출될 수 있는 최적화 블로그를 갖는 것이 먼저입니다.

하지만 여기서 생각해볼 수 있겠죠. 이미 좋은 고퀄리티 최적화 블로그가 스크랩까지 완벽하게 병행한다면? 물론 최강의 경우입니다. 그렇지만 이 스크랩이 언제까지 영향력 있는 요소가 될지, 그리고 스크랩이 더 이상 효과가 없도록 차후에 패치가 된다면 기존에 스크랩을 남발하던 블로그에 페널티(저품질을 건다든지)가 있을지 없을지는 아무도 모르기 때문에 조심해서 아껴 사용하시기 바랍니다.

스크랩할 때는 몇 개의 고정된 ID와 IP로 진행하기보다는 여러 ID와 IP로 진행하는 것이 더 효과적이며 안전합니다. 한 사람이 가질 수 있는 네이버의 ID는 총 3개지만, 한 명의를 하나로 봅니다. 따라서 내 명의로 된 3개의 ID 중 나머지 2개의 ID로 스크랩을 해가는 행위는 IP를 다르게 들어갔다고 하여도 저품질에 걸릴 확률을 높입니다. 그래서 가족, 지인의 ID로 스크랩 작업을 하는 분들이 계속적으로 늘어나고 있으며 블로그상이나 카페에서 친한 분들끼리 뭉쳐 서로의 글을 스크랩해주는 일명 '품앗이'가 은밀히 유행하고 있습니다. 또한 모바일 상위노출에도 스크랩이 효과가 좋다고 알려져 있어 PC보다 모바일에서 검색을 더 많이 하는 요즘 스크랩의 중요성이 더 커지고 있습니다.

스크랩과 상위노출의 관계

상황 1

| A급 블로그가 스크랩 없이 진행 | VS | B급 블로그가 스크랩 2개로 진행 | = | 동등하거나 A급 승 |

상황 2

| A급 블로그가 스크랩 없이 진행 | VS | B급 블로그가 스크랩 5개로 진행 | = | B급 블로그 승 |

상황 3

| A⁺급 블로그가 스크랩 없이 진행 | VS | C급 블로그가 스크랩 8개 이상으로 진행 | = | 동등하거나 A⁺급 블로그 승 |

상황 4

| A급 블로그가 스크랩 2개로 진행 | VS | B급 블로그가 스크랩 5개로 진행 | = | A급 블로그 승 |

상황 5

| A급 블로그가 스크랩 2개로 진행 | VS | A급 블로그가 스크랩 5개로 진행 | = | 5개로 진행한 후자의 승 |

상위노출 TIP

Q) 꼭 스크랩만이 플러스 점수가 되어 노출에 도움이 되나요? 스크랩 말고 다른 소스는 없을까요?

A) 모바일에서 상위노출이 되기 위해 현재 가장 널리 쓰이고 있는 방법이 바로 스크랩과 페이스북 연동입니다. 두 가지 방법 둘 다 조금 피곤하긴 하지만 효과는 상당히 좋은 편입니다. 페이스북 연동은 설정은 쉽지만 연동 후에 많은 사람들이 '좋아요'와 댓글 그리고 공유하기를 눌러 퍼가야 비로소 효과가 있습니다.

01

01 [페이스북 가입]
❶ 페이스북을 일반 계정으로 새로 개설해야 한다.
❷ 광고용 계정인 '페이지'는 아직까진 블로그와 호환되지 않는다.
02 [설정정보에서 페이스북 체크]
포스트 작성 시 하단의 설정정보에서 페이스북을 체크한다.
03 [페이스북 연결하기]
한 번 페이스북 계정을 연동하기 나면 그다음부터 포스팅 시 클릭 한 번으로 페이스북에도 올라오게끔 할 수 있다.

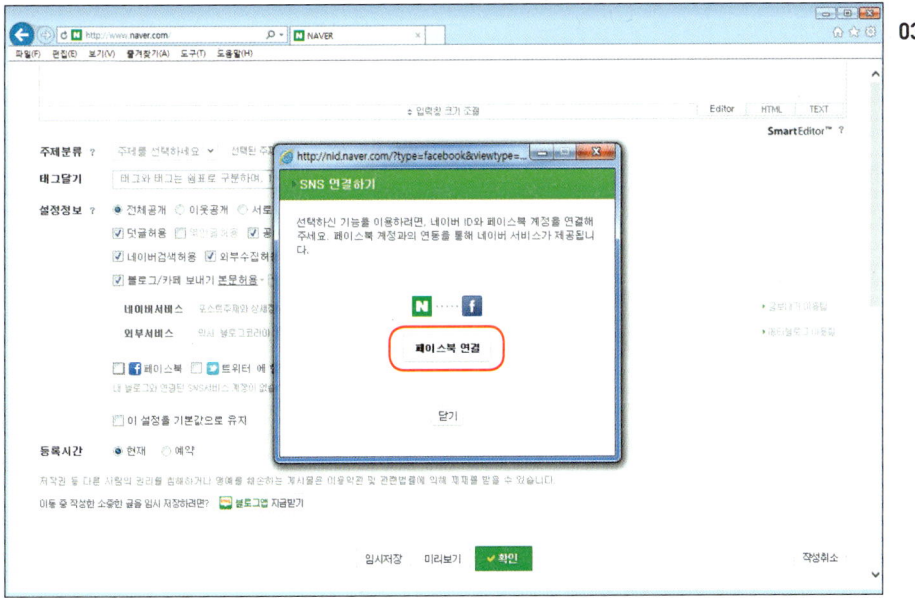

195

스페셜 팁 - 인터넷·SNS 광고

SNS와 온라인 매체는 우리나라에서 홍보 수단으로 많이 사용되고 있는 것 중 하나입니다. 특히 요즘은 많은 업체들이 분야에 상관없이 SNS(페이스북, 트위터 등)로 마케팅을 진행해 많은 이들에게 인지도를 높이면서 어필하고 있습니다. 인터넷상의 일반적인 홍보 수단으로는 다음과 같습니다.

파워 링크	지식iN	홈페이지
카페	지도 등록	구글 광고
트위터	페이스북	카카오스토리
회사 광고 어플	블로그	

① 파워링크

검색창에 '가습기'를 검색해보면 네이버 검색광고인 파워링크란에 가습기를 실제로 판매하는 업체들이 검색됩니다.

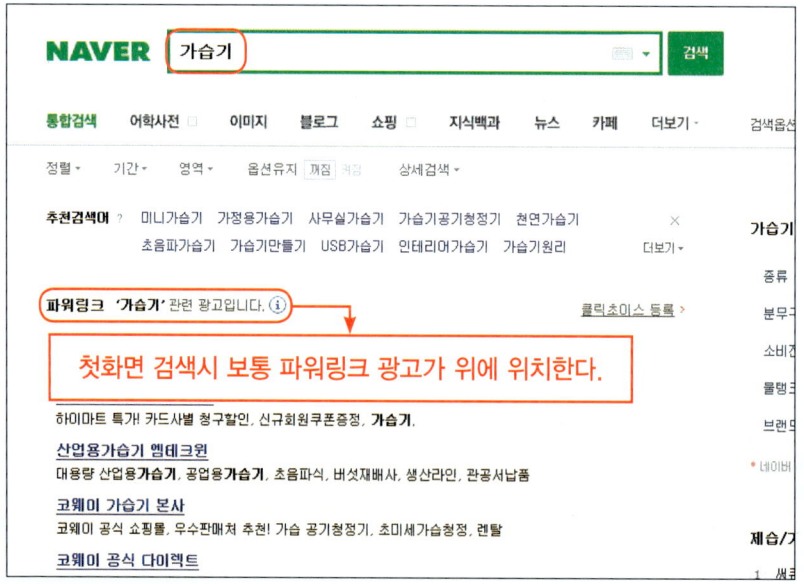

② 지식iN

지식iN은 네이버 이용자들이 직접 질문하고 대답하는 서비스입니다. '가습기'를 검색해보면 어느 가습기가 좋은지, 또 써보니 어떠했는지 그리고 잔고장은 어떻게 처리하는지 등 여러 가지의 틀에 얽매이지 않는 정보를 얻을 수 있습니다. 그래서 많은 업체들이 직·간접적으로 제품을 홍보하고 있습니다.

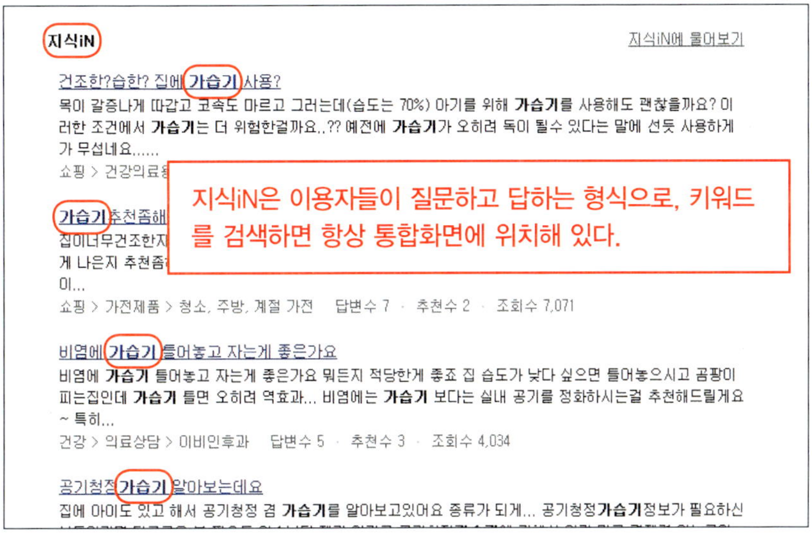

> 지식iN은 이용자들이 질문하고 답하는 형식으로, 키워드를 검색하면 항상 통합화면에 위치해 있다.

③ 웹문서 섹션

웹문서 섹션은 여러 홈페이지, 사전 등에서 발췌된 내용을 나타내는 것으로, '가습기'를 검색하면 웹상에 있는 가습기에 관한 정보를 얻을 수 있다.

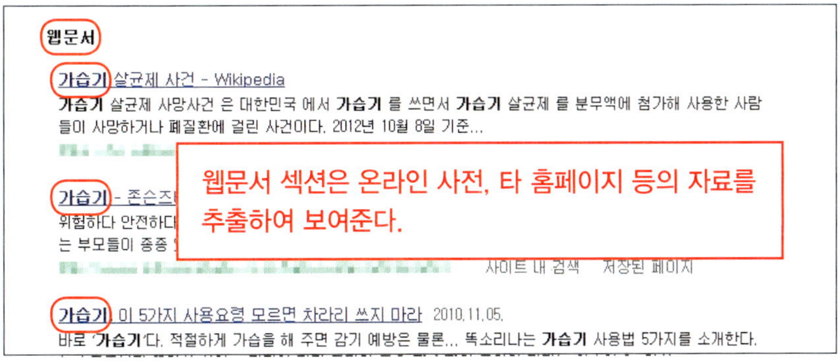

> 웹문서 섹션은 온라인 사전, 타 홈페이지 등의 자료를 추출하여 보여준다.

④ 카페
지역 키워드인 '천호동 맛집'을 검색해보면 커뮤니티인 카페란에 추천하는 글들이 검색되는 것을 볼 수 있습니다.

⑤ 지도 등록
많은 소비자들이 포털사이트의 지도 검색을 통해 가고자 하는 매장의 위치를 쉽게 알 수 있기 때문에, 오프라인 매장이 있는 사업자에게 있어 지도 등록은 필수적으로 행해야 하는 서비스입니다. 물론 기본적으로 블로그 홍보가 뒷받침되어야 그 효과가 배 이상으로 나타날 것입니다.

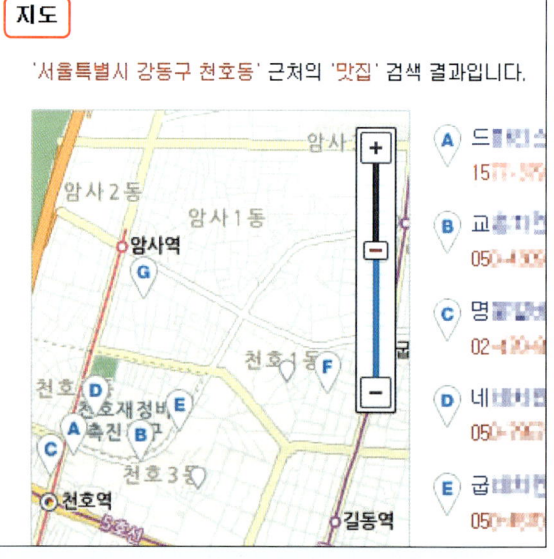

ⓖ 구글 광고

해외에 비해 국내에선 검색 비중이 덜한 구글이지만 매니아층이 두텁고 안드로이드 계열 스마트폰에는 자동으로 깔려 있는 검색 서비스다 보니 구글에 홍보하는 업체들도 최근 더 늘고 있는 추세입니다.

⑦ SNS - 트위터, 페이스북, 카카오스토리 등

SNS는 충분히 훌륭한 광고 수단이지만 실제로 우리 주위에 SNS를 전혀 하지 않는 사람들도 많고 또 이용하는 연령층이 평균 20대~40대 정도이기 때문에 그 효과가 항상 탁월하다고 하기에는 조금 무리가 있습니다. 그렇기에 메인을 검색사이트에서의 홍보로 잡고, SNS를 활용하는 것은 부가적인 광고 전략으로 하는 것이 좋습니다.

⑧ 블로그

스마트폰과 PC상에서의 블로그 노출은 사람들로 하여금 가장 많은 클릭을 유도할 수 있으며, 상위노출이 되었다고 가정한다면 경쟁 상대가 3~5명이기 때문에(보통 0~5개 정도의 블로그가 첫 페이지에 나옵니다.) 사람들의 시선을 더 많이 받을 수 있습니다.

블로그는 일반적으로 이용자가 직접 경험한 후 후기를 올리기 때문에 우리가 블로그에서 사진과 글을 보면서 무의식적으로 생기는 신용도도 상당합니다. 사진은 눈으로 직접 볼 수 있기에 더더욱 그렇습니다. 식사시간에 방문할 맛집을 검색하는 경우 직접 방문해 먹어보기 전에 블로그 포스트 속 사진들을 내 눈으로 미리 보고 내가 원하는 스타일의 레스토랑인지 아닌지를 파악할 수 있기 때문에
많은 사람들이 블로그를 애용합니다.

설령 찾고자 하는 것이 음식점이 아니라 일반 사업체라고 해도 리뷰와 후기가 섞여 있기 때문에 검색엔진의 사이트 등록과 파워링크만큼이나 보는 이들에게 어필할 수 있다고 봅니다. 블로그는 모든 기종의 스마트폰과 태블릿 기기 그리고 MAC과 PC에서 깨짐 현상 없이 보이므로 간혹 모바일 버전이 호환되지 않는 홈페이지들보다 오히려 보는 사람의 입장에서 더 편하고 깔끔할 수 있습니다.

모바일에서 네이버 검색 시 블로그 섹션의 위치가 웹사이트나 파워링크, 지식iN보다 더 위에 나타나는 경우

스마트폰이 대중화되고 4G LTE의 출현으로 모바일 인터넷 속도가 빨라지면서 많은 사람들이 컴퓨터를 켜기보단 태블릿이나 핸드폰으로 출퇴근하면서 또는 집에서, 심지어 누워서도 모바일 검색을 하곤 합니다. 그리고 대부분 모바일 검색 시 상단에 노출되는 공간이 바로 블로그 섹션입니다. 블로그는 그야말로 실제 경험에 의해 작성된 소비자의 공간입니다. 물론 홍보물이 더 많아지는 요즘이지만, 내가 지금 당장 궁금한 이 레스토랑 음식들의 신선도와 비주얼을 사진을 통해 볼 수 있고 내가 지금 당장 궁금한 물건의 실제 크기와 무게, 색감 또한 사진을 통해 볼 수 있기 때문에 검색하는 사람들의 니즈(Needs)를 더 잘 채울 수 있습니다. 게다가 블로그의 제일 큰 장점은 경제적인 부담이 없다는 것, 즉 무료라는 것입니다. 홍보하는 데 돈은 일체 들어가지 않습니다. 필요한 건 두 가지 - 바로 부지런함과 노하우를 겸비한 지식입니다.

물론 "요즘엔 맛집이 맛집이 아니고 홍보에 돈을 많이 들이는 곳이 맛집인데 점점 블로그가 신용을 잃어가지 않을까요?"라고 반박할 수도 있습니다. 저도 당연히 동감합니다. 하지만 소비자가 실제 생활에서 찍은 사진과 느낀 것에 대한 리뷰를 블로그가 아니라면 어디서 얻을 수 있을까요? 맛집 TV프로요? 정말요?

이왕 홍보가 필수인 상황이라면 이제는 본인이 직접 온라인에서 하는 겁니다! 블로그의 장점은 니즈가 확실한 고객층이 직접 나를 찾아 검색하여 알아본다는 것입니다. 소비자가 직접 자신의 두 손으로 검색하여 매장, 제품을 찾아보고 인터넷상을 돌아다니며 새로이 알게 된 정보를 기반으로 전에는 몰랐던 새로운 상품, 장소 등을 알아보고 더 깊이 있게 조사하기도 합니다.

하루에도 몇천 명이든 관심 있는 사람들이 들어오고, 매장이 있는 지역에 실제로 거주하거나 유동하는 인구들이 들어오게 되니 매장 위치가 좋지 않거나 좁더라도 인터넷을 통해 홍보를 전혀 하지 않는 것보다는 확실하게 승산이 있습니다. 이제 스스로가 판매자면서 동시에 소비자가 되는 공간에서 우리가 원하는 상품 및 매장 등을 무료로 어필하도록 합시다.

ꏚ 마무리 글 ꏛ

어느덧 초·중급 실전비법서『자신만만 블로그 마케팅』을 마치게 되어 굉장히 아쉽습니다. 블로그의 기본적이고 체계적인 설명과 여러 현상들의 이유 및 해결 방법 등에 대해 자세하게 말씀드리고 싶었지만, 책을 통해 그 내용을 설명하기에는 다소 한계가 있었던 게 사실입니다. 특히 상급 실전비법은 책으로 설명하기에는 여러 가지 문제점이 많아서 개인 강의로만 진행할 수밖에 없다는 점을 이해해주시기 바랍니다.

지금까지 우리는 블로그를 운영하면서 조심해야 할 사항들에 대해 알아봤습니다. 이 책이 그동안 저품질로 고생하셨던 분들이나 운영에 어려움을 느끼셨던 분들 그리고 처음으로 블로그를 시작하는 분들에게 도움이 많이 되었으면 합니다. 독자분 모두가 투명하고 롱런하는 멋진 블로거가 되길 기대하겠습니다.

끝으로 독자 여러분의 건승을 빌며 이만 줄이겠습니다.

반석출판사 회화 시리즈

즉석에서 바로바로 활용하는
일상생활 영어 첫걸음

FL4U컨텐츠 저 | 280쪽 | 12,000원(mp3 CD 포함)

즉석에서 바로바로 활용하는
일상생활 일본어 첫걸음

FL4U컨텐츠 저 | 304쪽 | 12,000원(mp3 CD 포함)

즉석에서 바로바로 활용하는
일상생활 중국어 첫걸음

FL4U컨텐츠 저 | 316쪽 | 12,000원(mp3 CD 포함)

반석출판사 회화 시리즈

즉석에서 바로바로 활용하는
영어회화 완전정복 2442
이국호 저 | 484쪽 | 12,000원(mp3 무료제공)

즉석에서 바로바로 활용하는
일본어회화 완전정복 2250
이원준 저 | 416쪽 | 12,000원(mp3 무료제공)

즉석에서 바로바로 활용하는
중국어회화 완전정복 2205
이원준 저 | 353쪽 | 12,000원(mp3 무료제공)